Mahatma Gandhi

# Wege und Mittel

Aus dem Englischen und
deutsche Bearbeitung von Sarma Marla

Elster Verlag
Baden-Baden und Zürich

Die Originalausgabe erschien 1909 im
«Indian Opinion», Südafrika, unter dem Titel
*Hind Swaraj or Indian Home Rule*

Elster Verlag und Rio Verlag
Verwaltung: CH-8032 Zürich
Klosbachstrasse 144, Telefon 01 261 56 02

Umschlaggestaltung: Jeanne Peter
Satz: Minion 10.5/13, Rio Verlag, Zürich
Druck und Bindung: Ebner Ulm
ISBN 3-89151-234-1

*In den meisten Fällen, wahrscheinlich nicht in allen, ist die Macht der Liebe unendlich größer als die Gewalt der Waffen.*

*Mahatma Gandhi*

# Inhaltsverzeichnis

# Vorwort

In der Form eines ersonnenen Gesprächs mit einem naiven indischen Radikalen skizzierte Mohandas Karamchand («Mahatma») Gandhi 1908 während der britisch-indischen Unruhen in Südafrika seine Vorstellungen zur Umsetzung reiner Ethik in politische Kraft. *Satyagraha*, Gandhis Praxis des Widerstands, entwickelte sich zwar in diesen Auseinandersetzungen noch experimentell, doch wurden die Aktionen der indischen Lohnsklaven gegen die britischen Herren – auch im Hinblick auf die ungelösten Probleme Indiens selber – von London und Bombay aus bereits gespannt verfolgt. Die indischen Unabhängigkeitsbemühungen hatten sich verrannt oder waren von den Briten geschickt auseinanderdividiert worden. In der indischen Kolonie in Südafrika war der junge Advokat Gandhi zu einer einenden Kraft geworden.

«Passiver Widerstand», erläuterte Gandhi, «ist ein allseitiges Schwert; es kann eingesetzt werden auf jede Art. Es segnet den, der es anwendet, wie den, gegen den es erhoben wird. Ohne einen Blutstropfen zu vergießen, produziert es lange andauernde Ergebnisse. Es verrostet nicht und kann nicht gestohlen werden. Das Schwert des passiven Widerstands benötigt kein Futteral. Es ist keine Waffe der Schwachen.» Und er erklärte weiter, die Nichtanwendung von Waffen sei ethisch und strukturell dem Gebrauch von Waffen überlegen. Denn passiver Widerstand sei unmittelbar verbunden mit dem eigenen Leiden.

Damit war der geistige Kern der Prinzipien des gewaltlosen Widerstands erstmals formuliert – er zeigt sich in einer prinzipiellen Klarheit, die auch die scheinbare Paradoxie des gewaltsamen Todes Gandhis in einem anderen Licht erscheinen läßt: als eine Konsequenz, die als eine von mehreren Möglichkeiten in der bewußten Entscheidung für den gewaltlosen Kampf angelegt ist.

Gandhi war sich darüber im klaren, daß die Form des politischen Kampfes und ihre aktuelle geschichtliche Situation – Moral, Bildung, Technik, Zivilisation und Industrialisierung in Indien und Europa – eng miteinander verwoben waren. Es ging ihm darum, gemeinschaftliche Handlungsweisen von hoher ethischer und moralischer Qualität als durchdachte und bewußte Handlungen der einzelnen zu bewirken. Dabei soll die Handlung Resultat einer Lebensweise sein, die ebenso nach diesen Qualitäten strebt. Passiver Widerstand muß vom reinen Menschen vorgetragen werden, soll er Wirkung zeigen. Ein den Gesetzen von Moral und Ethik folgendes Leben wiederum braucht *Satyagraha*, um sich seiner elementarsten Rechte in der Welt zu versichern. Die Widerstandsform, die er so vorschlug, war entschieden und friedfertig zugleich.

Dieses Bild vom gewaltlosen Handeln ist für uns irritierend, weil es bereits auf den ersten Blick aus anderen seelischen Quellen gespeist wird. Der passive Widerstand ist nicht einfach Beharren auf Untätigkeit, sondern bewußte Entscheidung, Verweigerung einer abverlangten Leistung und zudem Provokation, weil er völlig von den Handlungschiffren einer als «normal» angesehenen Skala menschlicher Verhaltensweisen abzuweichen scheint. Gandhis moralische Prinzipien sind nicht absolut, weil sie vorgegeben sind, sondern weil sie sich – kraft intensiver Überlegung – aus einem Handlungs- und Wertegerüst herauskristallisierten und auch zu einem individuellen Lebensentwurf verdichtet haben.

In «Wege und Mittel» (im Original «Hind Swaraj» oder «Indian Home Rule») hat Gandhi diesen Lebensentwurf ebenso niedergelegt wie – die Befreiung und Einigung Indiens im Blick – die sich daraus ergebenden Ableitungen für Gemeinwesen und Staat.

Gleichzeitig spiegelt sein Buch den bereits seit Jahrhunderten schwelenden Konflikt zwischen den großen Religionen des Subkontinents, dem Hinduismus und dem Islam. Seine geradezu beschwörende Argumentation für ein friedliches Zusammenleben ist aber – die Geschichte zeigt es – von seinen Landsleuten nicht gehört worden.

Mit den britischen Kolonialherren setzt sich Gandhi im Schlußkapitel noch einmal auseinander: «Wir können nicht zulassen, daß Unmengen von Geld für den Eisenbahnbau und für das Militär ausgegeben werden. Wir sehen keinen Anlaß dazu. Sie mögen Angst haben vor Rußland – wir aber nicht. Wir brauchen keine europäischen Stoffe. Sie können nicht gleichzeitig ein Auge auf Manchester und ein Auge auf Indien werfen. Eine Zusammenarbeit mit Indien kommt nur dann in Frage, wenn ihre Interessen und die Interessen Indiens identisch sind.»

Gandhis Manifest ist erst einmal eine scharfe Zivilisationskritik aus dem Munde eines Repräsentanten einer uralten Zivilisation. Sie löste in Indien eine große Diskussion über den künftigen Weg des politischen Kampfes gegen den Kolonialismus und für die Gestaltung des neuen Indien aus. Gewaltlosigkeit als Instrument des politischen Kampfes wurde damit zum zentralen Inhalt der indischen Freiheitsbewegung. Doch während die Kampfmethode sich bald allgemeiner Akzeptanz erfreute, war der geistige Hintergrund von Gandhis Aktivitäten von Anfang an umstritten. Sein Weg der Läuterung durch Leiden, seine asketische Lebensweise und das Prinzip der körperlichen Enthaltsamkeit trafen bereits unter den Mitkämpfern im «Congress» auf Spott. Scharf wandte sich bereits 1935 Jawaharlal Nehru, der spätere erste Ministerpräsident des unabhängigen Indiens, dagegen: «Mir gefallen diese Lobgesänge auf Armut und Leiden nicht … Auch mit der Idealisierung des ‹einfachen Bauernlebens› bin ich keineswegs einverstanden. Ich habe keinerlei Sympathie dafür, und statt mich ihm zu unterwerfen, möchte ich sogar die Bauern da herausholen, nicht im Sinne von Verstädterung, sondern als Ausbreitung städtischer Errungenschaften in den ländlichen Gebieten. Keine Rede davon, daß mich dieses Leben glücklich machen würde, es wäre für mich sogar so schlimm wie ein Gefängnis.» Sein Resümee: «Man kann ihn kaum als einen offenen Geist bezeichnen. Er hört den Vorschlägen der Leute mit größter Geduld und Aufmerksamkeit zu, aber man hat das Gefühl, hinter diesem freundlichen Interesse rede man gegen eine Wand.»

Eine andere Frage – in Gandhis Schrift angesprochen – wurde für die indische Gesellschaft ebenfalls zentral und ist, wie angedeutet, für Gandhis politische Auffassungen folgerichtig: Soll Indien den Weg der Industrialisierung oder den der agrarischen Ökonomie gehen? Diese Frage blieb während des gesamten Unabhängigkeitskampfes Gegenstand intensiver Auseinandersetzungen, wie sie übrigens in allen Ländern der Dritten Welt mit revolutionärem, antikolonialem Potential stattfanden.

Die verhängnisvolle Bevölkerungszusammenballung in ihren Metropolen und die fremdbestimmte Form des Wirtschaftens vor Augen führte viele dieser Bewegungen zu gleichen Ergebnissen: Die Basis der nationalen Wirtschaft sollte die traditionelle Landwirtschaft sein. Mahatma Gandhi befindet sich plötzlich auf derselben Seite mit so disparaten Persönlichkeiten wie dem Koreaner Kim Il Sung, dem Chinesen Mao Tse Tung oder dem Tanganjikaner Nyerere wieder. Was Gandhi aber von jenen unterscheidet, ist unter dem Blickwinkel der Nöte der Dritten Welt ebenso marginal wie bedeutsam: Während die anderen nicht nur auf ihre Überzeugungskraft bauen, sondern auch auf die Kraft ihrer Waffen, mit denen ein Teil von ihnen die kolonialen Herren in die Knie zwang, beschränkt sich Gandhi auf die Überzeugungskraft des Spinnrades.

Während bei den anderen ehemalige politische Weggefährten und spätere Opositionelle in Gulags oder vor dem Erschießungskommando enden, verleugnet Gandhi nie die Quellen, aus denen er seine Gedanken geschöpft hat, und die Menschen, mit denen er einige Zeit die Ansichten geteilt hat. Sein Respekt bleibt für sie – bei allen Differenzen – ungebrochen.

Die Frage der Industrialisierung sollte die indische Unabhängigkeitsbewegung genauso polarisieren, wie das gleiche Thema nur wenige Jahre später die chinesischen Kommunisten zu einem auf Leben und Tod treibenden Kampf führte. So positionieren sich auch hier Gandhi auf der einen und Jawahrlal Nehru als Vertreter einer moderaten Industrialisierung auf der anderen Seite. In der Konsequenz hatte Gandhis Konzept der sich selbst versorgenden und auf landwirtschaftlicher Basis agierenden Dorfrepubliken keine Chance. Breite Teile der führenden Schichten Indiens sahen in der Industrialisierung einen Weg zum Wohlstand nach westlichem Vorbild. Wenn es dort «funktioniert» hatte, warum sollte es hier scheitern? Und auch Nehru war ein bewußter Gegner einer rein agrarischen Entwicklung. Er fand sie nicht erstrebenswert, und die Argumente, die er damals brachte, sind auch heute noch bedenkenswert. Bereits 1935 bemerkt er in offener Opposition zu Gandhi: «Wir können den Strom der Veränderung nicht anhalten, nicht abseits stehen; und, psychologisch gesehen, können wir, wenn wir einmal vom Apfel des Paradieses gekostet haben, den Geschmack nicht vergessen und in die Primitivität zurückkehren.» Doch nicht nur die friedlichen, sondern auch die gewaltsamen Versuche zur Agrarisierung sind bisher gescheitert. Auch die kambodschanischen Revolutionäre standen für eine unabhängige, agrarische Entwicklung ein und praktizierten doch bei ihrer konsequenten Durchsetzung, gestützt auf das Potential ihrer Waffen, die Vernichtung und Zerstörung ihres Volkes. Man wird sich mit der Tatsache auseinanderzusetzen haben, daß die Frage nach einer «richtigen» Entwicklung der Länder der Dritten Welt bis heute nicht schlüssig beantwortet ist.

Gandhis Bedeutung im Dialog der Philosophien und lebensgeschichtlichen Entwürfe mindert das nicht, denn seine Überlegungen und prinzipiellen Visionen sind zwar getragen von tagespolitischen Überlegungen, taktischen Anweisungen und strategischen Einschätzungen zur Förderung der indischen Unabhängigkeit, aber sie sind auf andere Weise davon auch frei. Er ist ein Visionär des Konkreten. Seine Gedanken zum gewaltlosen Widerstand nachzuvollziehen, heißt auch, sich mit der Geschichte der indischen Unabhängigkeit auseinanderzusetzen.

Gandhis Schlüsselerlebnis an Diskriminierung dürfte seine Erfahrung beim Eisenbahnfahren gewesen sein – in Biographien und Berichten wird genau jenes berichtet: Als er 1893 in Südafrika im Erste-Klasse-Abteil eines Zuges von Durban nach Pretoria fährt, empört sich ein weißer Mitreisender darüber und weist den Schaffner an, diesen braunen Schmutzfinken aus dem Zug zu entfernen. Dem jungen indischen Rechtsanwalt – englisch ausgebildet, von rassistisch beeinflußten Geplänkeln in Indien kaum beeinflußt – geschieht Unglaubliches: am nächsten Bahnhof, in Pietermaritzburg, wird er schlichtweg mit Gewalt aus dem Zug geworfen – Erstes-Klasse-Ticket hin oder her.

Südafrika wird so zu Gandhis «Lehrstelle»: Während er auf dem Perron von Pietermaritzburg unter dem Ruf einiger Weißer – «Hau ab, du Kaffer» – seine Sachen wieder in seinen Koffer packt, hat damit für ihn ein Prozess eingesetzt, an dessen Ende die Unabhängigkeit Indiens stehen sollte. Zwar hatte er 1894 vorgehabt, sich wieder nach Indien einzuschiffen, aber das Ausmaß der rassistischen Willkür in Südafrika – und Bitten seiner Freunde – veranlaßten ihn, dort zu bleiben. Aus dem geplanten einem Jahr wurden dann zweiundzwanzig.

Während dieser Zeit schärfte er das «Schwert» des passiven Widerstands, und seine Aktivitäten zeigen, daß die Auseinandersetzungen der rechtlosen indischen Bevölkerung in Südafrika zu einer Schule des gewaltlosen Kampfes wurden. Gandhi gründete den «Indian Natal Congress» nach dem Vorbild des indischen «National Congress» und entwickelte ihn zu einem wichtigen Forum der Bürgerrechtsbewegung der Inder. Einen ersten großen Erfolg erzielte der «Congress», als er unter Gandhis Führung den Kampf gegen die Steuerpolitik der Regierung der britischen Kolonie Natal aufnahm: Kontraktarbeiter sollten gezwungen werden, jährlich 25 Pfund Steuern zu zahlen – mehr als sie überhaupt im Jahr verdienten. Das Ziel der Maßnahme war klar: nachdem sie unter rechtlosesten Verhältnissen von den Engländern nach Südafrika gebracht worden waren, sollten die Inder wieder verjagt werden, weil sie inzwischen zur unliebsamen Konkurrenz für die weißen Geschäftsleute geworden waren.

Die gesamte indische Bevölkerung erhob sich – mit Erfolg: Die Jahressteuer wurde auf drei Pfund herabgesetzt.

In den nächsten Jahren baute sich Gandhi eine erfolgreiche Anwaltspraxis auf, gründete die Wochenzeitschrift «Indian Opinion», die die Interessen der

Inder in Südafrika verfocht, und beschäftigte sich zudem mit neuen Formen des Arbeitens und des Lebens: Die «Phoenix Farm», unweit von Durban gelegen, wurde die erste von Gandhi gegründete Gemeinde, die sich selbst versorgte. Eine zweite Gründung («Ashram», 1904) wurde aus den Einkünften seiner Anwaltspraxis in Johannesburg finanziert. 1910 folgte ein zweiter Ashram, die «Tolstoi Farm», die als Zufluchtsort für gewaltlose Aktivisten diente.

Je mehr die Kolonialregierung Natals die Daumenschrauben gegen die indische Bevölkerung anzog, desto mehr formte sich die Praxis des gewaltlosen Widerstandes bei Gandhi. Und je mehr der Terror der englischen Kolonialmacht während des Zulu-Aufstandes eskalierte – mit Massakern, die uns an unsere Tagesnachrichten erinnern –, desto mehr begriff Gandhi für sich, daß die Bitternis dieser Erfahrung nur als Prüfung verstanden werden kann.

Eine Schlüsselrolle nahm dabei das Buch «Das Reich Gottes in Euch» von Leo Tolstoi ein. Danach war die Gewaltlosigkeit eine aktive und dynamische Form der Auseinandersetzung mit der Welt, mit einer Welt der ungerechten Herrschaft und Brutalität.

Bedeutsam für ihn wurde auch das Buch «Unto this Last» des englischen Schriftstellers, Kunsthistorikers und Sozialreformers John Ruskin (1819–1900), dessen Wirkung Gandhi in seiner Autobiographie folgendermaßen beschreibt: «... es (nahm) mich so gefangen und bewog mich, mein Leben umzustellen. Ich verstand Ruskins Lehren folgendermaßen: 1. Das Wohl des einzelnen ist im Wohl aller enthalten. 2. Die Tätigkeit eines Rechtsanwaltes hat den gleichen Wert wie die eines Barbiers, da alle das gleiche Recht haben, sich durch ihre Arbeit ihren Lebensunterhalt zu verdienen. 3. Ein Leben der körperlichen Arbeit, das heißt, des Ackerbauern oder des Handwerkers, ist das wahrhaft lebenswerte Leben.

Die erste Lehre war mir bereits bewußt. Die zweite hatte ich dunkel gefühlt. Die dritte war mir nie in den Sinn gekommen. Ruskin machte es mir so klar wie nur möglich, daß die zweite und dritte in der ersten enthalten sind. Ich erwachte im Morgengrauen, diese Grundsätze zur Ausführung zu bringen. (...) Dann besprach ich die ganze Sache mit Mr. West (...) und machte den Vorschlag, die ‹Indian Opinion› auf eine Farm zu verlegen, auf der jeder Feldarbeit verrichten, den gleichen auskömmlichen Lohn bekommen und in seinen Mußestunden bei der Druckereiarbeit helfen sollte. Mr. West billigte den Vorschlag, und drei Pfund wurden als Monatslohn festgesetzt, ohne Rücksicht auf Farbe oder Nationalität.»

Hatten schon Tolstois Visionen auf Elemente der hinduistischen Philosophie zurückgegriffen, mußten seine Erörterungen und Ruskins Prinzipienstrenge bei einem tief religiösen Menschen aus einem hinduistischen Kulturkreis, wie Gandhi es war, nachhaltige Wirkungen erzielen. Man geht wohl nicht fehl in der Annahme, daß diese entscheidenden südafrikanischen Jahre die persönliche Entwicklung Gandhis zu jener Reifung brachten, aus der heraus er den Unabhängigkeitskampf in Indien führen konnte. Die von ihm kreierten Kampfformen waren nicht einfach «passiver Widerstand». Mit *Satyagraha* (einem Kunstwort, bestehend aus «Satya» Wahrheit und «Agraha» Stärke, festhalten) propagierte er einen Widerstand der Stärke, des inneren Gewachsenseins, eine Unbedingtheit des Handelns, das auch den eigenen Tod nicht fürchtet.

Seine 1938 aufgestellten Regeln lassen die Rigorosität seiner Gedankenwelt erahnen:

1. Unter *Satyagrahi* muß allgemeine Ehrlichkeit herrschen.

2. Sie müssen dem *Satyagraha*-Prinzip mit Leib

und Seele folgen. Es sollte keine geistigen Vorbehalte geben.

3. Die *Satyagrahi* müssen bereit sein, alles zu verlieren, nicht nur ihre persönliche Freiheit, nicht nur Besitz, Land, Geld usw., sondern auch die Freiheit und den Besitz ihrer Familien. Sie müssen bereit sein, sich gegen Kugeln, Bajonette und sogar den langsamen Tod zu widersetzen.

4. Sie dürfen nicht gewalttätig sein in Gedanken, Worten oder Taten, weder gegen den Feind noch untereinander.

Obwohl viele Bestandteile der Gandhischen Vorstellungen im postkolonialen Indien keinen Eingang gefunden haben, wäre es trotzdem verfehlt, von einem Scheitern zu sprechen. «Mahatma» (das heißt große Seele) Gandhi hat dieses Jahrhundert mit einem moralischen Wertesystem beeinflußt, das eine ungeheure Provokation gegenüber eingefahrenen Lebensweisen darstellt und zumindest zeitweise Millionen Menschen auf seine Seite ziehen konnte. Seine konsequente Auseinandersetzung mit dem Individuum ist eine Herausforderung für den einzelnen, weil sie zeigt, daß die Aktivität im passiven Widerstand große seelische Stärke benötigt. Noch mehr aber ist sie eine Herausforderung an jede menschliche Gemeinschaft, weil *Satyagraha* zum Prüfstein dafür wird, ob eine Gesellschaft ethisch und moralisch ihre Konflikte regeln kann. Gandhis asketische Lebensweise, die Bestandteil seines Lebensentwurfes war, hat nur wenig Nachahmer gefunden. Sein bedingungsloser Einsatz für eine friedliche menschliche Entwicklung macht ihn aber zu einer der großen Gestalten dieses Jahrhunderts.

Peter Großhaus
Bernd Zocher

*Gandhi als Rechtsanwalt in Johannesburg*

# Ein Wort zur Erklärung

Es ist gewiß ein Glück, daß dieses kleine Buch so große Aufmerksamkeit auf sich zieht. Das Original wurde in der Sprache Gujarati geschrieben und hat eine bewegte Geschichte. Ursprünglich wurde es in der Zeitschrift «Indian Opinion» in Südafrika publiziert.

Als Antwort auf die indische Denkschule der Gewalt und ihren Prototyp in Südafrika schrieb ich dieses Buch auf meiner Rückreise von London nach Südafrika im Jahre 1908. In London war ich mit jedem bekannten indischen Anarchisten in Berührung gekommen. Ihre Tapferkeit hatte mich beeindruckt, aber ich empfand ihren Eifer als fehlgeleitet. Ich glaubte, daß Gewalt keine Lösung für Indiens Mißstände sein konnte und daß seine Zivilisation die Anwendung einer andersartigen, höherwertigen Waffe zu ihrem Selbstschutz erforderte.

«Satyagraha»[1] steckte in Südafrika noch in den Kinderschuhen, war kaum zwei Jahre alt. Aber er hatte sich ausreichend entwickelt, so daß es mir erlaubt schien, mit einem gewissen Grad an Vertrauen darüber zu schreiben. Was ich niederschrieb, wurde so sehr geschätzt, daß es in Form eines kleinen Buches herausgegeben werden konnte. Auch in Indien zog es einige Beachtung auf sich. Die Regierung von Bombay untersagte seinen Verkauf, worauf ich mit einer eng-

[1]«Satyagraha»: ein Begriff aus der Sprache Gujarati, der von Gandhi geprägt wurde. Er bedeutet «Festhalten an der Wahrheit»; seine politische Aussage meint «Gewaltloser Widerstand» oder «Passiver Widerstand».

lischen Übersetzung antwortete. Ich war der Überzeugung, daß auch meine englischen Freunde die Inhalte des Buches erfahren sollten.

Meiner Ansicht nach ist es ein Buch, das auch Kindern in die Hände gegeben werden kann. Es lehrt die Botschaft der Liebe anstelle von Haß. Es ersetzt Gewaltanwendung durch Selbstopfer. Mit der Kraft der Seele nimmt es den Kampf gegen brutale Gewalt auf.

Dieses kleine Buch ist eine scharfe Verurteilung der modernen Zivilisation. Es wurde im Jahre 1909 geschrieben. Von seinem Inhalt bin ich heute stärker überzeugt als je zuvor. Ich glaube, Indien kann nur gewinnen, wenn es sich von der modernen Zivilisation abwendet.

Ich möchte jedoch den Leser vor der eventuellen Annahme warnen, ich würde heute nach dem Typus der nationalen Selbständigkeit («Swaraj») streben, den ich in meinem Buch entworfen habe. Ich weiß, daß Indien für eine derartige Selbständigkeit noch nicht reif ist. Dies mag ein wenig überheblich klingen, aber es entspricht meiner Überzeugung.

Ich arbeite individuell für die in dem Buch entworfene Art der Selbstverwaltung. Aber zusammen mit meinen Freunden arbeite ich für die Erringung einer parlamentarischen «Swaraj», entsprechend den Wünschen des indischen Volkes. Mein Ziel ist es nicht, die Eisenbahnen und die Krankenhäuser zu zerschlagen, obwohl ich ihre natürliche Zerstörung ganz gewiß begrüßen würde. Weder Eisenbahnen noch Krankenhäuser stellen den Prüfstein einer hohen und reinen Zivilisation dar. Sie sind bestenfalls notwendiges Übel. Keines von beiden ist in der Lage, den moralischen Status einer Nation zu erhöhen. Ich beabsichtige auch nicht die permanente Zerstörung der Gerichtshöfe, noch weniger versuche ich, sämtliche Maschinenanlagen und Fabriken zu zerschlagen.

Was wir brauchen, ist eine höhere Einfachheit und ein Verzichtsdenken, zu welchem die Menschen heute noch nicht bereit sind.

Der einzige Teil des Programms, der heute durchgeführt wird, ist der der Gewaltlosigkeit. Ich muß hier mit Bedauern eingestehen, daß nicht einmal dieser Teil ganz im Geiste dieses Buches eingehalten wird. Wenn Indien an der Gewaltlosigkeit festhalten würde, wäre «Swaraj» innerhalb eines einzigen Tages errichtet. Wenn Indien die Lehre der Liebe als aktiven Teil seiner Religion übernehmen und in die Politik einführen würde, stiege «Swaraj» vom Himmel auf Indien herab. Ich bin mir jedoch schmerzlich bewußt, daß dieses Ereignis noch weit entfernt ist.

Ich stelle diese Überlegungen aus der Beobachtung heraus an, daß vieles aus meinem Buch zitiert wird, um die heutige Bewegung zu diskreditieren. Ich habe sogar Schriften gelesen, in denen angedeutet wird, ich würde ein großes Spiel spielen und die gegenwärtigen Unruhen dazu mißbrauchen, Indien meine fixen Ideen und Ticks aufzudrängen, und ich würde auf Kosten Indiens religiöse Experimente anstellen.

Meine Antwort darauf ist, daß «Satyagraha» aus härterem Holz geschnitzt ist. Es gibt nichts, was hier vorenthalten wird, es gibt nichts Geheimes in «Satyagraha». Ohne Zweifel wird heute ein Teil der ganzen Lehre des Lebens, wie sie in «Hind Swaraj» dargestellt ist, in die Praxis umgesetzt.

*Young India, Januar 1921*
*M. K. Gandhi*

*Gandhi im Alter von sieben Jahren*

# Kapitel I

## Der «Congress» und seine Funktionäre

Leser: *Zur Zeit wird Indien von einer «Hind Swaraj»-Welle überflutet. Alle unsere Landsleute scheinen sich nach der nationalen Unabhängigkeit zu sehnen. Ein ähnlicher Geist durchdringt auch die Inder in Südafrika. Sie scheinen sehr darauf bedacht zu sein, ihre Rechte zu bekommen. Wollen Sie bitte Ihre Ansichten zu dieser Sache erläutern?*

Herausgeber: Ihre Frage ist gut formuliert, aber die Antwort ist nicht leicht. Jede Zeitung hat unter anderem drei wichtige Ziele: Erstens muß sie versuchen, die Interessen und die Gefühlswelt der Öffentlichkeit genau zu begreifen, um ihr richtigen Ausdruck zu verleihen, zweitens muß sie in der Lage sein, in der Öffentlichkeit eine gewisse wünschenswerte Meinung zu mobilisieren, drittens muß sie die Fehler der Öffentlichkeit furchtlos aufdecken.

Um Ihre Frage zu beantworten, muß man alle drei Funktionen berücksichtigen. In einem bestimmten Ausmaß muß der Wille des Volkes artikuliert werden; bestimmte Ansichten und Meinungen müssen gefördert, Ideen gehegt und Fehlentwicklungen ans Licht gebracht werden.

*Glauben Sie, daß das Verlangen nach nationaler Unabhängigkeit auf diese Weise in uns erzeugt wurde?*
Ja, dieses Verlangen hat dem «National Congress»[2] zum Aufstieg verholfen; die Wahl des Begriffes «National» impliziert diese Entwicklung.

*Das ist sicher nicht der Fall. Das junge Indien scheint den «Congress» völlig zu ignorieren. Er wird als ein Instrument zur Perpetuierung der britischen Herrschaft betrachtet.*
Diese Ansicht ist sicher nicht gerechtfertigt. Hätte der große alte Mann Indiens, Dadabhai Naoroji[3] den Boden nicht vorbereitet, könnten unsere jüngeren Leute heute von Selbstregierung nicht einmal sprechen. Wie können wir vergessen, was Mr. Hume[4] geschrieben hat, wie er uns in die politische Aktion gedrängt hat und mit welchen Anstrengungen er uns die politische Situation bewußt machte, um die Ziele des «Congress» zu erreichen?

[2]Im Dezember 1885 wurde in Bombay von liberalen Engländern und indischen Patrioten der «Indian National Congress» (INC) gegründet, um die Interessen der Inder in den Auseinandersetzungen mit der britischen Kolonialmacht zu vertreten; später entwickelte sich der INC zur indischen Freiheitsbewegung und zur Hauptorganisation für die Artikulierung des indischen Nationalismus und somit zum Hauptinstrument des nationalen Erwachens Indiens.

[3]Dadabhai Naoroji (1825–1917) war ein indischer Nationalist und Kritiker der britischen Wirtschaftspolitik in Indien. 1886, 1893 und 1906 leitete er die Jahresversammlungen des INC. In seinem Buch «Poverty and Un-British Rule in India» argumentierte der Professor für Mathematik und Naturphilosophie, daß Indien von der britischen Herrschaft zu hoch besteuert würde und sein ganzer Reichtum nach England abflösse.

[4]Allan Octavian Hume war britischer Administrator (Mitglied des legendären «Civil Service» in Britisch-Indien) und einer der führenden Geister, die 1885 Indiens «National Congress» gründeten. Er war Generalsekretär des «National Congress» in den ersten zweiundzwanzig Jahren seines Bestehens. Nach seiner Pensionierung als Verwaltungsbeamter waren seine politischen Aktivitäten in Indien darauf gerichtet, den Indern mehr demokratische und repräsentative Rechte an der imperialen Herrschaft einzuräumen.

Professor Gokhale[5] begab sich freiwillig in Armut und opferte die besten Jahre seines Lebens der Arbeit für den «Congress», um die Nation auf den Kampf gegen die imperiale Macht vorzubereiten. Er lebt heute noch in Armut. Der spätere Richter Badruddin Tyabji war ebenfalls einer von jenen, die den Gedanken der Selbstregierung aussäten. In Bengalen, Madras, Punjab und anderen Teilen des Landes gab es zahlreiche Menschen, Inder und Engländer, die «Congress»-Mitglieder waren und Indien liebten.

*Halt! Jetzt gehen Sie zu weit und entfernen sich von meiner Frage. Ich habe Sie gebeten, mich über die Frage der Selbstverwaltung aufzuklären, Sie aber diskutieren über die Fremdherrschaft. Ich habe kein Bedürfnis, englische Namen zu hören, Sie aber zählen unaufhörlich solche Namen auf. Unter diesen Umständen können wir uns nie begegnen. Es würde mich freuen, wenn Sie sich auf die Frage der Selbstverwaltung beschränken würden. Das restliche Gerede befriedigt mich nicht.*

Sie sind ungeduldig, und ich kann Ihrem Wunsch nicht entsprechen. Wenn Sie mir eine Weile zuhören, werden Sie schon finden, was Sie suchen. Erinnern Sie sich an das Sprichwort von dem Baum, der nicht über Nacht groß werden kann? Die Tatsache, daß Sie meine Ausführungen auf diese Weise kontrollieren und nicht bereit sind, etwas über die Freunde Indiens zu hören, beweist, daß «Selbstregierung» für Sie persönlich auf jeden Fall noch sehr weit entfernt ist. Mit Leuten wie Ihnen werden wir kaum einen Schritt weiterkommen können. Dieser Gedanke sollte Ihre Beachtung verdienen.

[5]Professor Gopala Krishna Gokhale, den Gandhi seinen «politischen Guru» nannte, war der Führer des gemäßigten Flügels im INC.

*Offenbar wollen Sie mich zum Schweigen bringen, indem Sie um den heißen Brei herumreden. Die sogenannten Sympathisanten Indiens, von denen Sie schwärmen, schätze ich nicht besonders. Warum sollte ich Ihrem Diskurs über diese Leute Gehör schenken? Was hat er, den Sie als «Vater der Nation» (Dadabhai Naoroji, Anm. d. Übers.) feiern, für Indien schon getan? Er sagt, die englischen Gouverneure würden Gerechtigkeit herbeiführen, deshalb müßten wir mit ihnen zusammenarbeiten.*

Ich muß Ihnen in aller Freundlichkeit sagen, daß Sie sich schämen sollten, wenn Sie ohne einen Funken Respekt über einen so großen Mann reden. Sehen Sie sich einmal sein Werk an! Er hat sein ganzes Leben in den Dienst Indiens gestellt. Es war der verehrte Dadabhai, der uns sagte, daß die Engländer unser Lebensblut aussaugten. Was ändert es, wenn er heute noch Vertrauen zur englischen Nation hat? Soll Dadabhai vielleicht weniger respektiert werden, weil wir heute im jugendlichen Überschwang bereit sind, einen Schritt mehr zu tun? Sind wir deswegen weiser? Es ist ein Zeichen von Weisheit, den Ausgangspunkt, von dem wir aufgebrochen sind, nicht zu verleumden.

Entfernen wir einen Zwischenschritt von den Sprossen einer Leiter, so kann das ganze Unternehmen scheitern. Wenn wir aus der Kindheit in die Jugendzeit hineinwachsen, brauchen wir doch die Kindheit nicht zu verachten, im Gegenteil: Wir denken mit Freude an die Tage der Kindheit. Oder wenn ich nach langem Studium auf den Grundlagen weiterbaue, die mir mein Lehrer beigebracht hat, bedeutet das doch nicht, daß ich weiser bin als er. Er wird immer meinen Respekt verdienen. Genau dies ist der Fall mit dem großen alten Mann Indiens. Wir müssen einfach zugeben, daß er der Vater des indischen Nationalismus ist.

*Sie haben überzeugend argumentiert. Ich kann jetzt verstehen, daß wir Dadabhai respektieren müssen. Ohne ihn oder ohne solche Männer hätten wir den Geist nicht, der uns nun in Begeisterung versetzt. Wie aber können wir das gleiche von Professor Gokhale behaupten? Er betrachtet sich als großen Freund der Engländer. Er behauptet, wir hätten sehr viel von den Engländern zu lernen, beispielsweise ihre politische Weisheit, ehe wir von Selbständigkeit reden könnten. Ich bin es müde, diese ewigen Reden zu lesen.*
Auch das verrät mir wieder Ihre Ungeduld. Eine Nation, die danach strebt, die Selbständigkeit zu erringen, kann es sich nicht leisten, ihre Vorväter zu verachten. Wir werden ohne den Respekt vor den Älteren mutlos werden. Nur Menschen mit reifen Gedanken sind fähig, sich selbst zu regieren, nicht die Hitzköpfe. Außerdem, wie viele Inder gibt es, die sich wie Professor Gokhale ganz dem indischen Bildungswesen verschrieben haben? Ich bin der Meinung, daß Gokhale alles, was er tat, mit reinen Absichten tat, um sich ganz in den Dienst Indiens zu stellen. Seine Hingabe an sein Mutterland ist so groß, daß er dafür sogar sein Leben aufs Spiel setzen würde, wenn es notwendig wäre. Was er auch immer gesagt hat, er sagte es nie, um jemandem zu schmeicheln, sondern weil er von der Wahrhaftigkeit seiner Aussagen überzeugt war. Wir sollten ihm mit großem Respekt begegnen.

*Soll das heißen, daß wir ihm in jeder Hinsicht folgen müssen?*
Das habe ich nie behauptet. Wenn unsere Meinung völlig verschieden von der des gelehrten Professors wäre, würde er selbst uns raten, unserem eigenen Gewissen zu folgen und nicht ihm. Wichtig ist, ihn nicht zu verleumden, sondern überzeugt zu sein, daß er unendlich größer ist als wir und daß, verglichen mit seiner Arbeit für Indien, unser Beitrag unendlich

klein ist. Viele Zeitungen haben respektlos über ihn geschrieben. Es ist unsere Pflicht, gegen solche Schreibereien zu protestieren. Wir müssen Männer wie Gokhale als Säulen der nationalen Selbständigkeit betrachten. Es ist ein Zeichen schlechten Verhaltens, wenn man die Gedanken eines anderen für schlecht, nur die eigenen für gut und eine von uns unterschiedliche Ansicht für feindlich hält.

*Jetzt beginne ich langsam, die Bedeutung Ihrer Ausführungen zu verstehen. Ich muß weiter über den Sachverhalt nachdenken. Aber was Sie über Engländer wie Herrn Hume gesagt haben, begreife ich noch nicht.*

Für Engländer und für Inder gilt gleiches Recht. Ich habe mich nie dem Standpunkt anschließen können, alle Engländer seien schlecht. Viele Engländer sind für die nationale Selbständigkeit Indiens. Daß das englische Volk ein wenig mehr an sich selbst denkt als andere Völker, ist wahr – aber das beweist nicht, daß jeder Engländer bösartig ist. Wenn wir die Gerechtigkeit suchen, müssen wir zuerst zu anderen gerecht sein. Wenn wir auf unserem Weg des Kampfes gerecht handeln, werden Sie sehen, daß Indien früher frei werden wird. Wenn wir die Engländer wie Feinde meiden, wird die Selbständigkeit hinausgezögert. Wenn wir aber gerecht zu ihnen sind, können wir mit ihrer Unterstützung auf unserem Marsch zum Ziel rechnen.

*Im Augenblick scheint mir all das sinnlos zu sein. Unterstützung durch die Engländer und das Erringen nationaler Unabhängigkeit widersprechen sich. Wie sollten die Engländer dazu kommen, die Selbständigkeit Indiens einfach hinzunehmen? Aber Sie müssen diese Frage bitte nicht jetzt beantworten. Wenn Sie mir erklären, wie die nationale Selbständigkeit für uns greifbar werden kann, werde ich vielleicht mehr Ver-*

*ständnis für Ihre Ansichten aufbringen können. Ihre anglophile Haltung hat mich voreingenommen gemacht. Deshalb bitte ich Sie, die Sache nicht weiter auszuführen.*

Ich habe kein Bedürfnis danach. Es stört mich nicht im geringsten, daß Sie mir gegenüber voreingenommen sind. Es ist klar, daß ich am Anfang unserer Diskussion auch unangenehme Dinge sagen muß. Meine Pflicht ist es jedoch, Ihre Vorurteile mit Geduld abzubauen.

*Ihr letzter Satz gefällt mir. Er gibt mir Mut, das zu sagen, was ich denke. Eines ist mir immer noch rätselhaft: Ich begreife nicht, wie der «Congress» das Fundament für die nationale Selbständigkeit gelegt haben soll.*

Lassen Sie uns das einmal so betrachten: Der INC hat Inder aus verschiedenen Landesteilen zusammengebracht und sie von der Idee der Nationalstaatlichkeit Indiens begeistert. Die britische Regierung blickte sehr ungnädig auf diese Entwicklung. Der «Congress» hat immer wieder betont, die Nation müsse die Steuereinnahmen und die Ausgaben kontrollieren. Er hat eine Selbstverwaltung nach kanadischem Vorbild gefordert. Ob wir nun dieses Ziel erreichen oder nicht, ob wir uns für andere erstrebenswerte Ziele einsetzen sollen oder nicht, das sind gänzlich andere Fragen.

Ich versuche, Ihnen klarzumachen, daß der «Congress» uns einen Vorgeschmack auf eine nationale Selbständigkeit gab. Ich halte es nicht für richtig, dem «Congress» dieses Verdienst abzusprechen. Es würde nicht nur eine große Undankbarkeit bedeuten, sondern auch ein Zurückgeworfenwerden in unserem Kampf für die Selbständigkeit. Den «Congress» als eine Institution zu behandeln, die einem Zusammenwachsen Indiens zu einer Nation feindselig gegenübersteht, würde uns daran hindern, ihn als Organisation für das Erreichen unserer Ziele einzusetzen.

*oben: Mit dem «Indian Ambulance Corps» im Burenkrieg, 1899*
*unten: Auf einem Empfang für Gokhale in Durban, Südafrika, 1912*

# Kapitel II

## Die Teilung Bengalens[1]

*In Anbetracht des von Ihnen erläuterten Sachverhalts scheint es richtig zu behaupten, daß der Grundstein zur nationalen Selbständigkeit vom «Congress» gelegt wurde. Aber Sie werden zugeben, daß dies nicht als wirkliches Erwachen interpretiert werden kann. Wann und wie kam es denn zum «wirklichen Erwachen»?*

[1]Teilung Bengalens im Jahre 1905: Trotz starker Opposition indischer Nationalisten und der Empörung bengalischer Hindus hatte der Vizekönig des Britisch-Indischen Imperiums, Lord Curzon, 1905 das Land Bengalen unter Verwaltungsvorwänden geteilt. Dies führte dazu, daß der «Congress» (INC), der bis zu diesem Zeitpunkt als «pressure group» der Mittelschichten fungierte, zu einer nationalen Massenbewegung anschwoll. Seit 1765 waren Bengalen, Bihar und Orissa zu einer Provinz zusammengeschlossen. Bis zum Beginn dieses Jahrhunderts war diese «Bengal Presidency» so groß geworden, daß sie unmöglich weiterhin als eine Verwaltungseinheit regiert werden konnte. Ostbengalen mit seiner stark unterentwickelten Infrastruktur und seiner überwiegend islamischen Bevölkerung wurde zugunsten Westbengalens, mehrheitlich von Hindus bewohnt, vernachlässigt. Die Hindus kontrollierten den gesamten Handel, monopolisierten die meisten Berufe und bestimmten das soziale Leben. Sie warfen der imperialen Macht vor, den bengalischen Nationalismus zu spalten und die Bengalen in Westbengalen, Orissa und Bihar zu einer Minderheit zu degradieren. Sie betrachteten die Teilung Bengalens als einen Versuch, den bengalischen Nationalismus, der hier am weitesten entwickelt war, zu ersticken. Curzon wollte mit der Teilung Bengalens zwei Fliegen mit einer Klappe schlagen: Einerseits wollte er durch die Teilung dem wachsenden indischen Nationalismus durch ein von Hindus dominiertes Westbengalen und ein muslimisches Ostbengalen einen fatalen Schlag versetzen, denn der bengalische Nationalismus inspirierte erst die Entstehung und Formierung des indischen Nationalismus. Damit hatte Curzon zweifellos die ver-

Man kann die Saat nicht sehen. Sie entwickelt sich unter dem Boden. Ist sie einmal aufgebrochen, sieht man den über dem Boden wachsenden Baum. So verhält es sich auch mit dem «Congress». Das, was Sie als «wirkliches Erwachen» bezeichnen, kam erst nach der Teilung Bengalens ans Licht. Dafür müssen wir Lord Curzon, dem Vizekönig des Britisch-Indischen Reiches, sehr dankbar sein. Zur Zeit der Teilung versuchte das Volk von Bengalen, mit Lord Curzon zu vernünftigen Gesprächen zu kommen, er aber hat die Bittschriften aus Bengalen mit dem ganzen Stolz seiner Macht zurückgewiesen. Er betrachtete es als selbstverständlich, daß die Inder nur reden, aber niemals ernstliche Schritte unternehmen könnten. Er benutzte eine beleidigende Sprache und hat trotz großen Widerstandes Bengalen gespalten. Jener Tag dürfte als Tag der Teilung des Britischen Reiches bezeichnet werden. Die Erschütterung, welche die britische Macht nach der

wundbaren Stellen der indischen Freiheitsbewegung aufgedeckt, die historisch in den Widersprüchen zwischen Hindus und Moslems zu suchen sind. Zweitens wollte er verwaltungsmäßig die ganze Region neu organisieren. Er vereinte Assam und fünfzehn Bezirke Ostbengalens und gründete eine neue Verwaltungsprovinz mit einer Bevölkerung von 31 Millionen Menschen. Dacca war die Hauptstadt, und die Bevölkerung bestand überwiegend aus Moslems.

Es war Curzon schon 1905 gelungen, die Saat gegenseitiger Verdächtigungen zwischen Hindus und Moslems zu säen und damit die endgültige Teilung Indiens in eine Hinduregion und eine Moslemregion zu besiegeln. Dies mündete 1947 schließlich in die Entstehung des islamischen Pakistan und die von Hindus beherrschte «säkulare» Indische Union.

Aber die Inder wehrten sich nach der ersten Teilung Bengalens. Sie antworteten Curzon mit Massendemonstrationen, ländlicher Agitation und dem Boykott ausländischer Textilien. Der radikale Teil der Opposition führte vom Untergrund aus terroristische Anschläge gegen die Engländer und gegen englische Institutionen.

1911 mußte die Teilung wieder aufgehoben und das ganze Bengalen vereint werden. Assam wurde dem Hochkommissariat unterstellt, Bihar und Orissa wurden zu einer neuen Provinz zusammengefaßt. Mit dieser Politik des «appeasement» wollten die Briten Bedingungen schaffen, die das Regieren in Ostindien wieder möglich machen sollten. Die Moslems jedoch waren sehr enttäuscht.

Teilung Bengalens erlebte, fand nie ihresgleichen durch andere Handlungen der Engländer.

Das bedeutet jedoch nicht, daß die anderen Ungerechtigkeiten, die Indien widerfahren sind, weniger himmelschreiend wären als das, was diese Teilung in unserem Lande angerichtet hat. Doch die Bereitschaft, Widerstand zu leisten, war da. Die Emotionen schwollen an. Viele führende Bengalen hatten sich darauf eingestellt, im Widerstand gegen die Engländer alles zu verlieren. Sie waren sich ihrer Macht bewußt. Deshalb haben wir jetzt die Feuersbrunst, die unlöschbar ist. Und es ist auch nicht notwendig, sie zu löschen.

Die Teilung wird aufgehoben werden.[2] Bengalen wird wiedervereinigt, aber der Riß im englischen Schiff bleibt bestehen, ja, er muß jeden Tag größer werden. Die Forderung, die Teilung außer Kraft zu setzen, läuft auf das Verlangen nach nationaler Selbständigkeit hinaus. Führende Bengalen wissen das. Und britische Beamte sehen es jetzt ein. Das ist der Grund, warum die Teilung jetzt noch bestehen bleibt. Die Nation wird im Laufe der Zeit zusammengeschmiedet werden. Nationen entstehen nicht über Nacht, ihre Bildung braucht Jahre.

*Was sind Ihrer Meinung nach die Ergebnisse dieser Teilung?*

Bis jetzt hatten wir geglaubt, uns an die Krone wenden zu müssen, um zu unserem Recht zu kommen. Wenn es nicht gelang, mußten wir stillhalten, es sei denn, wir überreichten eine Bittschrift. Nach der Teilung haben die Menschen eingesehen, daß Bittschriften durch kollektive Stärke mit der Fähigkeit, Leiden auf sich zu nehmen, unterstützt werden müssen. Dieser neue Kampfgeist ist das Hauptergebnis der Tei-

[2]Tatsächlich wurde 1911 die Teilung aufgehoben und Bengalen wiedervereinigt.

lung Bengalens. Dieser neue Geist reflektierte sich in den Erklärungen der Presse. Nun wurde das, was die Menschen vorher nur im geheimen, zitternd sagten, öffentlich artikuliert und niedergeschrieben. Die «Swadeshi»-Bewegung[3] wurde eingeleitet. Junge und alte Menschen pflegten wegzulaufen, wenn sich ein englisches Gesicht zeigte. Plötzlich aber fürchteten sie sich nicht mehr vor den Engländern. Sie hatten keine Angst mehr vor einer Auseinandersetzung oder davor, ins Gefängnis zu gehen. Einige der besten Söhne Indiens leben heute in der Verbannung. Diese Entwicklung ist grundverschieden vom bloßen Einreichen von Bittschriften. Das Volk ist aufgerührt. Der Kampfgeist, der in Bengalen entstand, verbreitete sich im Norden nach Punjab und im Süden bis nach Kap Comorin.

*Können Sie mir irgendein weiteres auffallendes Ereignis nennen?*

Diese Teilung hat nicht nur im englischen Schiff Risse hervorgerufen, sondern sie hat auch unsere Bewegung gespalten. Große Ereignisse rufen große Resultate hervor. Unsere politische Führung ist in zwei Fraktionen gespalten: gemäßigte und extremistische. Einige bezeichnen die Gruppe der Gemäßigten als feige und die der Extremisten als tapfer. Die beiden Begriffe werden nach vorgefaßten Meinungen interpretiert. Soviel ist gewiß: Es ist Feindschaft entstanden zwischen den zwei Gruppen. Keiner hat mehr Vertrauen zum anderen, sie unterstellen sich gegenseitig böse Absichten.

[3]«Swadeshi»-Bewegung: «Zum eigenen Land gehörig» oder «im eigenen Land hergestellt». «Swadeshi» war ein integrierter Bestandteil des aktiven Nationalismus. Ein Überbegriff für alles, was aus Indien stammt, im Gegensatz zu ausländischer Herkunft. Eine Bewegung des 19. und 20. Jahrhunderts, die sich für ökonomische und bildungsmäßige Unabhängigkeit einsetzte.

Der Parteitag des «Congress» in Surat wurde von internen Kämpfen beherrscht. Ich glaube, die Teilung bringt nichts Gutes für unser Land; ich bin aber gleichzeitig davon überzeugt, daß solche Teilungen sich nicht dauerhaft halten können. Alles wird davon abhängen, wie lange sich unsere Führer behaupten können.

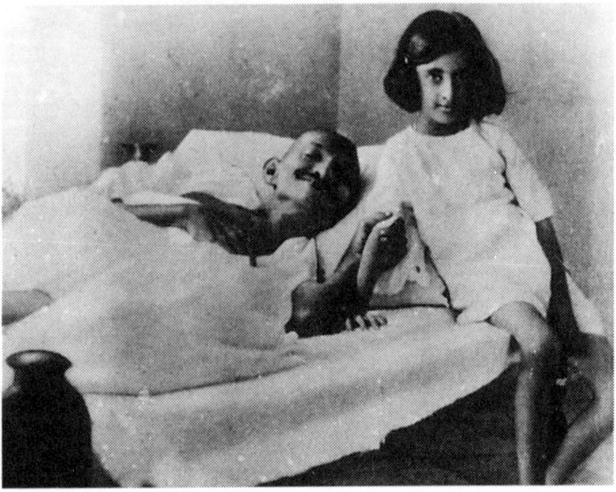

*oben: Zentralgefängnis von Poona, das Gandhi als seinen «ständigen Wohnort» angab*
*unten: Mit der sechsjährigen Indira, beim Fasten, 1924*

# Kapitel III

## Unzufriedenheit und Unruhe

*Sie meinen also, die Teilung sei die Ursache des nationalen Erwachens. Begrüßen Sie die Unruhe, die sich daraus ergeben hat?*
Wenn jemand aus dem Schlaf erwacht, bewegt er seine Gliedmaßen und ist unruhig. Aber es braucht einige Zeit, bis er wirklich wach ist. Und genauso, wie der Zustand zwischen Schlafen und Erwachen als «unruhig» bezeichnet und als notwendig empfunden wird, muß auch die gegenwärtige Unruhe in Indien als notwendig und richtig betrachtet werden. Das Bewußtsein der Unruhe, die das Land ergreift, wird uns fähig machen, sie zu überwinden. Wie beim Erwachen aus dem Schlaf werden wir – je nach unseren Fähigkeiten – früher oder später zu unserem ursprünglichen Zustand der Sinneswahrnehmung zurückkehren. Dann werden wir von der gegenwärtigen Unruhe befreit, die übrigens niemandem gefällt.

*Was ist die andere Form der Unruhe?*
Unruhe bedeutet in Wirklichkeit Unzufriedenheit. Mr. Hume sagte immer, die Verbreitung von Unzufriedenheit in Indien sei notwendig gewesen. Die Unzufriedenheit ist eine sehr nützliche Sache. Solange der Mensch zufrieden mit seiner Lage ist, wird es schwierig sein, ihn dazu zu bringen, sich aus ihr zu befreien. Deshalb ist Unzufriedenheit eine unabdingbare Voraussetzung für jede Reform. Wir werfen die

Dinge weg, an denen wir keinen Gefallen mehr finden. Die Unzufriedenheit entstand in uns, als wir die großen Werke der Inder und der Engländer gelesen hatten. Die Unzufriedenheit führte zu Unruhen, die wiederum zu vielen Toten, Festnahmen und Verbannungen führten. Diese Situation wird noch weiter andauern. Das muß so sein. Es kann sowohl als gutes Zeichen betrachtet werden, als auch zu schlimmen Ereignissen führen.

## Kapitel IV

## Was ist «Swaraj»?[1]

*Jetzt habe ich erfahren, wie der «Congress» dazu beigetragen hat, aus Indien eine Nation zu machen, wie die Teilung Bengalens ein nationales Erwachen hervorrief und wie sich Unzufriedenheit und Unruhen über das Land ausbreiteten. Nun möchte ich Ihre Ansichten über «Swaraj» hören. Ich fürchte, daß sich unsere Ansichten nicht decken.*

Es ist schon möglich, daß Sie mit dem Begriff «Swaraj» nicht die gleiche Bedeutung verbinden wie ich. Sie, ich und alle Inder sind ungeduldig darauf aus, «Swaraj» zu erringen, aber wir sind gewiß nicht einer Meinung über die inhaltliche Bestimmung. Die Vertreibung der Engländer aus Indien ist ein sehr populärer Gedanke, aber es bedeutet nicht, daß viele von uns auch die richtigen Überlegungen dazu angestellt haben, warum dies so sein muß. Ich muß Ihnen eine Frage stellen: Glauben Sie, daß es überhaupt notwendig ist, die Engländer aus Indien zu vertreiben, wenn wir nur alles bekommen, was wir haben wollen?

*Ich werde den Engländern nur eines nahelegen: Bitte verlassen Sie unser Land! Falls die Engländer der Bitte nachkommen, bedeutet ihr Rückzugsgefecht nur, daß sie noch in Indien sind. Dagegen habe ich nichts. Das*

[1]«Swaraj»: Selbständigkeit, Selbstherrschaft, Selbstregierung

*Wort «gegangen» kann in ihrer Sprache auch als «verbleiben» gedeutet werden.*
Gut. Angenommen die Engländer haben sich zurückgezogen. Was werden Sie danach tun?

*Diese Frage kann in der augenblicklichen Phase der Diskussion nicht beantwortet werden. Die Lage danach hängt im großen und ganzen von der Art und Weise des Rückzuges ab. Wenn sie sich zurückziehen, wie Sie annehmen, sollten wir die Verfassung beibehalten und die Regierungsgeschäfte weiterführen. Wenn sie sich einfach deswegen zurückziehen, weil wir sie dazu aufgefordert haben, müssen wir die Armee zur Hand haben. Auf diese Weise dürfte es nicht schwierig sein, die Regierungsgeschäfte weiterzuführen.*
So können Sie vielleicht denken, ich aber nicht. Über diese Angelegenheit möchte ich jetzt nicht diskutieren. Ich muß Ihnen zwar auf Ihre Frage antworten, aber das kann ich nur, wenn ich Ihnen viele Fragen stelle. Warum wollen Sie eigentlich die Engländer vertreiben?

*Weil Indien durch die britische Herrschaft in die Verelendung getrieben wurde. Alljährlich fließt unser Geld nach England ab. Die wichtigsten Positionen sind den Engländern vorbehalten. Wir werden im Zustand der Sklaverei gehalten. Ihr Verhalten uns gegenüber ist unverschämt, sie nehmen keinerlei Rücksicht auf unsere Gefühle.*
Wenn sie unser Geld nicht mehr nehmen würden, nett und freundlich zu uns wären und uns verantwortliche Positionen übertragen würden, wären Sie dann immer noch der Meinung, die Anwesenheit der Engländer sei für Indien schädlich?

*Diese Frage ist sinnlos. Genauso könnte man fragen, ob man sich mit dem Tiger zusammentun wolle, wenn er seine Natur ändere. Darüber nachzudenken, ist bloße Zeitverschwendung. Sowenig der Tiger seine Natur ändert, sowenig werden die Engländer ihre Natur ändern. Eine solche Möglichkeit gibt es einfach nicht, sie würde jeder menschlichen Erfahrung widersprechen.*

Angenommen, wir bekämen eine Selbstregierung nach dem kanadischen oder dem südafrikanischen Muster. Meinen Sie, daß das gut genug wäre?

*Auch diese Frage ist sinnlos. Wir können nur dann unabhängig werden, wenn wir die gleiche Macht besitzen. Dann werden wir unsere Fahnen aufziehen. Wie in Japan, so muß es auch in Indien sein. Marine und Armee müssen von uns kontrolliert werden, Glanz und Pracht müssen in unserem Land einziehen. Dann wird die Stimme Indiens überall in der Welt gehört werden.*

Das Bild haben Sie gut gezeichnet. In Wirklichkeit bedeutet es aber folgendes: daß wir nach einer englischen Herrschaft streben, jedoch ohne die Engländer. Sie wollen die Natur des Tigers, aber ohne den Tiger. Sie wollen Indien englisch machen. Dann heißt es nicht mehr «Hindustan», sondern «Englischstan». Das ist nicht die «Swaraj», die ich mir vorstelle.

*Ich habe Ihnen meine Vorstellung von «Swaraj» dargelegt. Wenn unsere Bildung von irgendwelchem Nutzen sein soll, wenn die Werke von Spencer und Hill von irgendwelcher Bedeutung sein sollen und wenn das englische Parlament die Mutter aller Parlamente ist, dann glaube ich, daß wir gewiß das englische System übernehmen sollten. Die Engländer erlauben niemandem, in ihrem Land Fuß zu fassen, und deshalb sollten wir weder ihnen noch anderen erlauben, unser Land zu betreten. Was die Engländer in ihrem Land aufgebaut haben, wurde in keinem anderen Land erreicht. Deshalb ist es richtig, ihre Institutionen zu importieren. Aber nun möchte ich Ihre Meinung dazu hören.*

Wir brauchen jetzt nur Geduld. Meine Ansichten darüber werde ich im Laufe unserer Diskussion noch entwickeln. Wie es für Sie leicht scheint, die wahre Natur von «Swaraj» zu begreifen, wird es für mich sehr schwierig sein, sie in ihrem wahren Inhalt zu verstehen. Ich werde mich deshalb in diesem Augenblick noch damit zufriedengeben, Ihnen zu zeigen, daß Ihre «Swaraj» keineswegs die wahre «Swaraj» ist.

# Kapitel V

## Die Lage Englands

*Aus dem, was Sie gerade gesagt haben, schließe ich, daß das Modell der englischen Regierung nicht erstrebenswert ist und daß es sich nicht lohnt, dieses Modell zu übernehmen.*

Ihre Folgerung ist richtig. Der gegenwärtige Zustand Englands ist bedauernswert. Ich flehe zu Gott, daß Indien sich niemals in einem solchen Elend befinden möge. Was Sie als «Mutter der Parlamente» bezeichnen, gleicht einer sterilen Frau oder einer Prostituierten. Beides sind harte Worte, sie treffen aber genau zu. Von sich aus hat dieses Parlament noch kein einziges gutes Werk zustande gebracht. Deshalb vergleiche ich es mit einer sterilen Frau. Die Regierung kann auch ohne das Parlament funktionieren. Es ist eine Prostituierte, weil es ständig von irgendwelchen Ministern kontrolliert wird, die von Zeit zu Zeit ausgewechselt werden. Heute ist es ein Mr. Asquith, und morgen wird es ein Mr. Balfour sein.

*Sie sind sarkastisch. Das Wort «sterile Frau» ist eine Entgleisung und darum nicht verwendbar. Das vom Volk gewählte Parlament muß unter dem Druck der Öffentlichkeit arbeiten. Diese Qualität zeichnet es aus.*

Sie verkennen völlig die Lage. Lassen Sie uns das einmal näher ansehen. Es wird angenommen, daß die besten Personen vom Volk gewählt werden. Die Abgeordneten arbeiten ohne Gehalt und, so können wir daher vermuten, nur für das öffentliche Wohl. Die Wähler sind gebildet, daher können wir annehmen, daß ihnen bei der Wahl keine Fehler unterlaufen. Ein solches Parlament sollte keinen Ansporn durch Petitionen oder durch öffentlichen Druck brauchen. Es müßte so glatt und reibungslos arbeiten, daß seine Ergebnisse von Tag zu Tag mehr zutage treten. In Wirklichkeit ist es aber so, daß sich die Parlamentsabgeordneten heuchlerisch und egoistisch verhalten. Jeder verfolgt nur seine eigenen Interessen. Angst ist die treibende Kraft. Was heute vom Parlament beschlossen wird, kann morgen wieder aufgehoben werden. Man kann sich an keinen einzigen Fall erinnern, dessen endgültiger Abschluß bei parlamentarischen Beratungen vorausberechnet wurde. Die Volksvertreter wurden bei der Debatte wichtigster Fragen beobachtet, wie sie Langeweile zeigten und sogar einschliefen. Manchmal wird alles so zerredet, daß die Zuhörer völlig frustriert werden. Die Abgeordneten geben ihre Stimme gedankenlos nach den Richtlinien ihrer Fraktion ab. Bei Abstimmungen besteht Fraktionszwang. Wenn ein Abgeordneter unabhängig von der Entscheidung seiner Partei abstimmen will, wird er als Renegat verschrien. Wenn das Geld und die Zeit, die vom Parlament verschwendet werden, einigen guten Engländern zur Verfügung stünden, könnte England heute einen höheren Platz einnehmen. Das Parlament ist nur ein teures Spielzeug des Staates. Die Überlegungen sind nicht unbedingt meine eigenen. Viele bekannte Engländer haben ihre Vorbehalte dem Parlament gegenüber artikuliert. Ein Abgeordneter sagte kürzlich, daß ein wahrer Christ nicht Abgeordneter jenes Hohen Hauses werden könne. Ein anderer sagte, das Parlament sei immer noch ein Kind. Dann ist es nach siebenhundert Jahren immer noch ein Kleinkind geblieben, von dem man nicht weiß, wann es der Kindheit entwachsen sein wird.

*Sie haben mich nachdenklich gemacht. Sie können aber nicht von mir erwarten, daß ich alles, was Sie sagen, sofort und uneingeschränkt akzeptiere. Sie geben mir völlig neue Ideen, über die ich nachdenken muß. Wollen Sie mir nun erläutern, was es mit der Bezeichnung «Prostituierte» auf sich hat?*
Es ist nur richtig, wenn Sie meine Ansichten nicht sofort akzeptieren. Das Parlament ist ohne eine wirkliche Führung. Unter dem Ministerpräsidenten ist seine Arbeit sehr unbeständig, es wird hin und her geworfen wie eine Prostituierte. Dem Ministerpräsidenten geht es nur um die Macht, nicht um das gesunde Funktionieren des Parlaments; er investiert seine Energie nur für Erfolge seiner Partei. Er kümmert sich nicht darum, daß das Parlament bei der Erfüllung seiner Aufgaben das Richtige tut. Man sagt, die Ministerpräsidenten seien berühmt dafür, das Parlament für ihre Parteizwecke zu mißbrauchen und Vorteile herauszuschlagen. Es lohnt sich, über diese Dinge nachzudenken.

*Sie greifen Männer an, die bis jetzt als patriotisch und ehrlich angesehen wurden.*
Ja, das stimmt. Ich habe nichts gegen Ministerpräsidenten, aber meine Beobachtungen lassen mich vermuten, daß sie im Kern eben doch keine Patrioten sind. Wenn man davon ausgeht, daß sie deswegen als ehrlich gelten, weil sie vielleicht keine Schmiergelder nehmen, muß man diesen Glauben gelten lassen. Sie sind aber viel subtileren Einflüssen gegenüber offen. Um an ihr Ziel zu gelangen, bestechen sie die Menschen mit öffentlichen Ehren. Ich zögere nicht zu behaupten, daß sie weder ehrlich sind noch ein lebendiges Gewissen haben.

*Jetzt würde ich gerne Ihre Ansichten über das englische Volk hören, um Ihre Meinung zur englischen Regierung verstehen zu können.*
Tageszeitungen sind eine Art Bibel für englische Wähler. Die Zeitungen, die oft mit unlauteren Mitteln arbeiten, helfen ihm beim Nachdenken. Gleiche Tatsachenkomplexe werden von den verschiedenen Zeitungen nach den jeweiligen Parteiinteressen verschieden interpretiert. Da feiert eine Zeitung einen bekannten Engländer als Muster an Ehrlichkeit, eine andere geißelt ihn als verlogen. Wie muß es um ein Volk bestellt sein, dessen Zeitungen diesen Charakter haben?

*Erläutern Sie mir das bitte näher!*
Dieses Volk ändert sehr oft seine Ansichten. Man sagt, alle sieben Jahre. Die Standpunkte schwingen hin und her wie das Pendel einer Uhr. Die Menschen folgen einem machtvollen Redner oder jemandem, der sie auf Feste und Empfänge einlädt. Wie das Volk, so ist auch das Parlament. Dennoch haben sie eine Qualität sehr stark entwickelt: Sie werden es niemals zulassen, daß ihr Land ihrer eigenen Herrschaft entgleitet und verlorengeht. Sie werden jedem, der ein böses Auge auf ihr Land wirft, das Auge auskratzen. Das bedeutet nun aber nicht, diese Nation besäße alle anderen Tugenden auch und sei nachahmenswert. Wenn Indien das englische Modell nachahmt, wird es sich ins Verderben stürzen, das ist meine feste Überzeugung.

*Wie kam es dazu, daß sich England jetzt in einer solchen Lage befindet?*
Es ist nicht der ureigenste Fehler der Engländer, daß sie in eine solche Lage geraten sind, sondern ihr Zustand wird durch die moderne Zivilisation bestimmt. Unter ihr werden die europäischen Nationen unaufhörlich erniedrigt und tagtäglich mehr und mehr dem Verderben ausgeliefert.

# Kapitel VI

## Zivilisation

*Jetzt möchte ich Sie bitten, mir die Bedeutung von «Zivilisation» zu erläutern.*
Es handelt sich nicht um ein Problem, das von mir allein vorgebracht wird. Viele englische Schriftsteller lehnen es ab, das als Zivilisation zu bezeichnen, was unter diesem Begriff gewöhnlich gemeint wird. Viele Bücher sind zu diesem Thema geschrieben worden. Viele Vereinigungen und Verbände wurden gegründet, um die Nation von den bösartigen Auswirkungen der Zivilisation zu heilen. Ein bekannter englischer Schriftsteller hat ein Buch geschrieben mit dem Titel «Zivilisation: Ihre Ursachen und Heilung». In seinem Buch bezeichnete er die Zivilisation als eine Krankheit.

*Warum wissen wir im allgemeinen nichts von dieser Entwicklung?*
Die Antwort ist sehr einfach. Wir finden sehr selten Menschen, die gegen sich selbst argumentieren. Die Menschen, die berauscht sind von der modernen Zivilisation, werden wahrscheinlich nicht gegen sich selbst schreiben. Ihre Aufgabe wird es sein, Fakten und Argumente zu sammeln, die die moderne Zivilisation unterstützen. Dies tun sie unbewußt in dem Glauben, daß es die Wahrheit sei. Ein Mann, der träumt, glaubt tatsächlich an seinen Traum. Erst wenn er aus dem Schlaf erwacht ist, glaubt er nicht

mehr an den Traum. Ein Mensch, der unter dem Fluch der Zivilisation arbeitet, ist wie ein Träumender. Was wir gewöhnlich lesen, sind Werke zur Verteidigung der modernen Zivilisation, ohne Zweifel von bedeutenden und brillanten Menschen geschrieben. Ihre Werke hypnotisieren uns. So werden wir, einer nach dem anderen, in diesen Strudel hineingezogen.

*Was Sie sagen, scheint mir plausibel zu sein. Sagen Sie mir bitte, was Sie über Zivilisation gelesen haben und wie Sie darüber denken.*

Lassen Sie uns versuchen zu verstehen, was alles unter dem Stichwort «Zivilisation» beschrieben wird. Die Tatsache, daß die Menschen, die in der Zivilisation leben, das körperliche Wohlergehen als das eigentliche Ziel ihres Lebens betrachten, liefert den Maßstab für die Beurteilung, ob ein Land zivilisiert ist oder nicht. Nehmen wir einige Beispiele: Die Menschen in Europa leben heute in besseren Häusern als vor hundert Jahren. Dies wird als Merkmal der Zivilisation hervorgehoben, es bedeutet eine Verbesserung der körperlichen Behaglichkeit. In früheren Zeiten bekleideten sie sich mit Tierfellen und benutzten Speere als Waffen. Heute tragen sie lange Hosen und verschiedenartige Kleidung, um ihre Körper zu verschönern, und anstatt der Speere haben sie heute Revolver und Gewehre mit viel Munition in den Magazinen. Wenn die Menschen eines bestimmten Landes, die bis jetzt noch nicht die Gewohnheit haben, solche europäische Kleidung zu tragen, sich daran anpassen, heißt es, sie seien aus der Wildnis herausgekommen und zivilisiert geworden. Früher hat man auch in Europa mit bloßen Händen die Felder bestellt. Jetzt kann ein Mensch Hunderte von Äckern Land allein mit Hilfe einer Dampfmaschine bestellen und großen Reichtum erzielen. Man sagt, dies sei ein Zeichen der Zivilisation. In früheren Zeiten schrieben sehr wenige Menschen sehr wertvolle Bücher. Heute kann jeder schreiben und drucken, was er will, und so das Denken der Menschen vergiften. Früher reiste man in Kutschen oder in Planwagen, heute kann man mit dem Zug Hunderte von Kilometern an einem Tag zurücklegen oder sogar fliegen. Dies wird als die Höhe der Zivilisation angesehen. Man sagt, daß der Mensch im Laufe des Fortschritts Tausende von Kilometern mit dem Luftschiff zurücklegen und jeden Ort der Welt in wenigen Stunden erreichen kann. Sie drücken einen Knopf und haben ihre Kleider griffbereit. Sie drücken einen anderen Knopf und haben ihre Zeitung. Sie drücken einen dritten Knopf, dann wartet schon das Automobil vor dem Haus. Sie haben eine ganze Reihe von delikat zubereiteten Speisen zur Auswahl, und alles wird von Maschinen hergestellt. In früheren Zeiten, als die Menschen sich gegenseitig bekämpften, haben sie ihre Körperkraft zum Maßstab genommen. Heute ist es möglich geworden, daß Tausende von Leben von einem einzigen Menschen ausgelöscht werden können, wenn er sich mit einem Gewehr hinter einem Hügel versteckt. Das ist die Zivilisation. Früher arbeiteten die Menschen unter dem offenen Himmel, solange sie wollten. Heute arbeiten sie zu Tausenden in den Fabriken und Bergwerken, nur um eben diese Fabriken und Bergwerke zu erhalten. Ihre Lage ist schlimmer als die von Tieren. Sie sind gezwungen, unter Lebensgefahr zu arbeiten und für die Reichen große Gefahren auf sich zu nehmen. Früher wurden die Menschen durch körperlichen Zwang zu Sklaven gemacht. Heute sind sie Sklaven der Versuchung des Geldes und des Luxus geworden, den sie mit diesem Geld erwerben können. Es gibt neue Krankheiten, von denen die Menschen früher nichts geahnt haben, und eine große Zahl von Ärzten ist dabei, Heilung für diese Krankheiten zu finden. So vermehren sich die Krankenhäuser. Dies ist der Maßstab für die Zivilisation. Früher hatten die Menschen zwei oder drei Mahlzeiten am Tage gehabt, die aus hausgemachtem Brot und Gemüse bestanden. Heute müssen sie alle zwei Stunden essen und haben deshalb kaum freie Zeit. Was soll ich zu dieser Zivilisation noch mehr sagen? Alle diese Beispiele zeigen das wahre Gesicht der Zivilisation. Wenn sich irgend jemand gegen diese Zivilisation ausspricht, wird er als unwissend und ignorant abgestempelt. Weder Moral noch Religion interessiert diese Zivilisation. Ihre Jünger behaupten sehr kühl und gelassen, daß es für sie nicht um religiöse Lehren gehe. Viele werfen der Religion sogar einen Auswuchs an Aberglauben vor. Es gibt andere, die unter dem Mantel der Religion die Zivilisation verteidigen und über Moral schwafeln. Aber nach zwanzigjähriger Erfahrung bin ich zum Schluß gekommen, daß im Namen der Moral sehr oft die Unmoral gelehrt wird. Die Zivilisation versucht, die körperliche Behaglichkeit zu verbessern, aber in diesem Bestreben ist sie miserabel gescheitert.

Die Zivilisation ist unreligiös, und sie hat die Menschen in Europa derartig im Griff, daß manche, die der Zivilisation nachlaufen, sich wie Verrückte benehmen. Ihnen fehlt die wirkliche physische Kraft oder der Mut. Sie halten ihre Energien durch einen Rausch aufrecht. Sie sind in der Einsamkeit kaum glücklich. Die Frauen arbeiten wie Sklaven in den Fabriken. Für einen Hungerlohn arbeiten in England eine halbe Million Frauen unter schwierigsten Bedingungen in Fabriken oder ähnlichen Institutionen. Dies ist die Ursache für die täglich wachsende Suffragettenbewegung.

Diese Zivilisation ist so strukturiert, daß man nur geduldig warten kann, bis sie sich selbst zerstören wird. Nach der Lehre Mohammeds könnte man sie als «satanische Zivilisation» bezeichnen. Der Hinduismus nennt sie eine «schwarze Ära». Sie frißt sich in lebenswichtige Bereiche Englands hinein, also muß sie gestoppt werden. Die Parlamente sind in Wahrheit Symbole der Sklaverei. Wenn Sie genügend darüber nachgedacht haben werden, werden Sie Ihre Meinung ändern und aufhören, den Engländern alle Schuld zuzuschieben. Sie verdienen sogar unsere Sympathie. Sie sind eine sehr kluge und geschickte Nation. Deshalb glaube ich, daß sie das Böse verwerfen werden. Ihre Denkweise ist sehr unternehmungslustig, einfallsreich, kühn und sehr fleißig. Ihrer Veranlagung nach sind sie nicht unmoralisch, und sie sind nicht böse in ihrem Herzen. Deshalb respektiere ich sie. Die Zivilisation ist keine unheilbare Krankheit, aber es darf nicht vergessen werden, daß die Engländer in diesem Augenblick von ihr heimgesucht werden.

*oben: Mit englischen Freunden in London, 1931.*
*unten: Mit englischen Textilarbeiterinnen, 1931*

# Kapitel VII

## Warum ging Indien verloren?

*Sie haben sehr viel über die Zivilisation gesagt, was mich sehr nachdenklich gemacht hat. Im Augenblick weiß ich nicht, was ich aus Ihrer Argumentation in bezug auf die Entwicklung der europäischen Nationen übernehmen und was ich ablehnen soll. Aber eine Frage bewegt mich im Augenblick: Wenn die Zivilisation eine Krankheit ist und England von ihr befallen ist, wieso war es dann möglich, daß England Indien einnehmen konnte und es bis heute behalten hat?*

Ihre Frage ist nicht sehr schwer zu beantworten. In diesem Zusammenhang können wir versuchen, die wahre Natur von «Swaraj» zu untersuchen, denn ich weiß, ich bin Ihnen dazu noch die Antwort schuldig. Lassen Sie uns jedoch mit einer Ihrer früheren Fragen beginnen. Die Engländer haben Indien nicht «genommen», wir haben es ihnen gegeben. Sie sind nicht wegen ihrer Stärke in Indien, sondern weil wir sie hier halten.

Lassen Sie uns einmal sehen, ob diese Behauptungen aufrechterhalten werden können. Ursprünglich kamen die Engländer wegen ihrer Handelsinteressen zu uns. Erinnern Sie sich an die große Ostindische Handelsgesellschaft, die «East India Company»? Wer hat denn diese Handelsgesellschaft groß gemacht? Zur Zeit der Gründung dieser Handelsgesellschaft in Indien haben die Engländer am wenigsten die Absicht gehabt, hier das Britische Reich zu begründen. Wer hat denn den Beamten der Handelsgesellschaft geholfen? Und wer war in Versuchung geraten, als sie das Silber bei den Engländern gesehen hatten? Wer hat ihre Waren gekauft? Die Geschichte bezeugt, was wir in dieser Richtung getan haben. Um über Nacht reich zu werden, haben wir die Beamten der englischen Handelsgesellschaft mit offenen Armen willkommen geheißen. Wir waren ihre Hilfsbüttel. Wenn ich rauschgiftsüchtig bin und der Händler kommt zu mir, um mir Rauschgift zu verkaufen, warum sollte ich die Schuld dem Händler geben? Indem ich den Händler beschuldige, daß er Rauschgift verkauft, kann ich meine Sucht nicht überwinden. Ein wahrer Patriot Indiens muß an die Wurzel der Dinge gehen, um festzustellen, was wirklich geschehen ist. Ein guter Arzt muß versuchen, die Ursache der Krankheit zu finden. Genauso müssen wir versuchen, die Ursache der Krankheit Indiens genau festzustellen. Wir haben gesehen, daß die englischen Händler in Indien Fuß fassen konnten, weil wir sie dazu ermutigt haben. Unsere Fürsten bekämpften sich gegenseitig und baten um die Hilfe der Handelsgesellschaft. Die gesellschaftlichen Handlungsweisen sind beim Geschäftemachen und im Krieg die gleichen. Sie lassen sich von moralischen Fragen nicht stören. Das eigentliche Ziel der Engländer war die Vermehrung des Handelsvolumens in Indien, um daraus großen Reichtum zu erzielen. Sie nahmen unsere Hilfe an und steigerten die Zahl ihrer Handelshäuser. Um diese Handelshäuser zu schützen, haben sie eine Armee geschaffen, und wir dienten in dieser Armee für die Engländer. Ist es richtig, die Engländer für das anzuklagen, was wir selbst damals getan haben? Die Hindus und die Mohammedaner waren bis an die Zähne gegeneinander gerüstet. Diese Tatsache gab der Handelsgesellschaft die günstige Gelegenheit. Auf diese Weise schufen wir die Bedingungen, die es der Handelsgesellschaft ermöglichten, die Kontrolle über Indien zu bekommen. Deshalb ist es richtiger zu sagen, daß wir den Engländern Indien gegeben haben, und zwar zu einem Zeitpunkt, als Indien bereits verloren war.

*Würden Sie mir nun sagen, wie die Engländer Indien immer noch in ihrer Gewalt halten können?*
Die Gründe, aus denen Indien den Engländern übergeben wurde, befähigen sie auch heute noch, Indien in ihrer Gewalt zu halten. Allerdings behaupten einige Engländer, sie hätten Indien mit dem Schwert genommen und würden es mit dem Schwert regieren. Diese Behauptungen sind falsch. Es ist ganz und gar unnütz, Indien mit dem Schwert unter Kontrolle zu halten. Wir alleine halten die Engländer ja. Napoleon hat einmal gesagt, die Engländer seien ein Krämervolk. Das scheint mir eine recht passende Beschreibung zu sein. Sie halten im Interesse ihres Handels an ihren Herrschaftsgebieten fest. Ihre Armee und Marine haben die Aufgabe, diesen Handel zu beschützen. Weil die südafrikanische Provinz Transvaal nichts von Wert zu beinhalten schien, kam der englische Premier Mr. Gladstone auf die Idee, daß es für England nicht sinnvoll sei, es zu besitzen. Erst als es ein lohnendes Geschäft wurde, führte der Widerstand dagegen zum Krieg. Und der nächste Premier entdeckte, daß England die Oberhoheit über Transvaal benötigte. Jemand soll den Präsidenten von Südafrika, Krüger, gefragt haben, ob es auf dem Mond Goldvorkommen gibt. Er soll geantwortet haben, daß dies sehr unwahrscheinlich sei, da sonst die Engländer den Mond schon längst eingenommen hätten.

Viele Probleme werden klarer, transparenter, wenn wir uns vergegenwärtigen, daß der Gott der Engländer das Geld ist. Es folgt die Tatsache, daß wir es sind, die die Engländer in Indien halten, und daß wir das in unserem ureigensten Interesse tun. Uns gefällt der

Handel. Wir freuen uns über die subtilen Methoden, während sie von uns nehmen, was sie brauchen und haben wollen. Dafür die Engländer zu beschuldigen, bedeutet nichts anderes als eine Perpetuierung ihrer Macht. Wir verstärken weiter ihre Kontrolle über uns, indem wir uns untereinander streiten. Wenn Sie die vorigen Ausführungen akzeptieren, können wir also davon ausgehen, daß die Engländer wegen ihrer Handelsinteressen nach Indien gekommen sind und deswegen auch in Indien bleiben, wobei wir ihnen behilflich sind. Ihre Waffen und ihre Munition sind völlig unnötig. In diesem Zusammenhang darf ich Sie daran erinnern, daß die englische Handelsflagge über Japan weht, nicht aber die japanische. Die Engländer haben mit den Japanern einen Handelsvertrag, und es wird ihnen gelingen, ihren Handel über ganz Japan auszudehnen. Sie möchten die ganze Welt in einen großen Markt verwandeln, auf dem sie ihre Waren verkaufen können. Es mag wahr sein, daß ihnen dies unter Umständen nicht gelingen wird, aber die Schuld liegt dann gewiß nicht bei den Engländern. Sie werden keinen Stein ungewendet lassen, um ihr Ziel zu erreichen.

## Kapitel VIII

## Die Lage Indiens

*Nun möchte ich gerne Ihre Ansichten über die Lage unseres Landes kennenlernen.*
Indien befindet sich in einer sehr traurigen Situation. Wenn ich daran denke, füllen sich meine Augen mit Tränen, und meine Zunge wird trocken. Ich habe Zweifel, ob ich ausreichend in der Lage bin zu erklären, was mein Herz bewegt. Es ist meine wohlüberlegte Meinung, daß Indien zermalmt wird. Nicht unter dem Druck der Engländer, sondern unter dem Druck der modernen Zivilisation. Das Land steht unter der fürchterlichen Last dieses Monstrums. Noch ist es Zeit, dieser Entwicklung zu entkommen, aber jeden Tag wird es schwerer und schwerer. Die Religion liegt mir am Herzen. Meine erste Beschwerde ist, daß Indien unreligiös wird. In diesem Zusammenhang denke ich nicht an Hindus oder an Mohammedaner oder an Zarathustra-Anhänger, sondern ich denke an die Religion, die allen Religionen zugrundeliegt. Wir wenden uns von Gott ab.

*Wieso?*
Man wirft uns vor, wir seien ein faules Volk, die Europäer dagegen seien sehr fleißig und unternehmerisch. Wir haben diesen Vorwurf akzeptiert. Und deshalb wollen wir unsere Lage ändern. Alle Religionen wie Hinduismus, Islam oder Zarathustra-Glauben und Christentum lehren, daß wir zurückhaltend sein

sollen bei dem Streben nach weltlichen Gütern, jedoch sehr aktiv beim Streben nach göttlichen Gütern. Und daß wir unserem weltlichen Ehrgeiz eine Grenze ziehen sollen, daß unsere religiösen Bestrebungen unbegrenzt sein müssen.

*Sie scheinen die religiöse Scharlatanerie zu ermutigen. Manch ein Betrüger hat die Menschen sehr irregeführt, indem er in der gleichen Weise redete wie Sie.*
Ihr Vorwurf gegen die Religion ist unangebracht. Heuchelei und Verlogenheit gibt es zweifellos bei allen Religionen. Ich behaupte, daß Verlogenheit in weltlichen Angelegenheiten weit schlimmer ist als Heuchelei in der Religion. Dem Humbug der Zivilisation, den ich Ihnen zu erklären versuchte, werden Sie in der Religion nicht begegnen.

*Wie können Sie das behaupten? Im Namen der Religion haben sich Hindus und Moslems gegenseitig bekriegt, Christen töteten Christen, Tausende von unschuldigen Menschen wurden gemordet, Tausende verbrannt und gefoltert im Namen der Religion. Das ist bestimmt schlimmer als irgendeine Zivilisation.*
Sicherlich bin ich der Meinung, daß die von Ihnen genannten Tatsachen weitaus erträglicher sind als die Entbehrungen der Zivilisation. Jeder wird verstehen, daß die Grausamkeiten, die Sie erwähnt haben, kein Bestandteil der Religion sind, obwohl sie im Namen der Religion begangen worden sind. Deshalb gibt es keine Nachwirkungen dieser Praktiken. Sie werden immer geschehen, solange es unwissende und leichtgläubige Menschen gibt. Aber es gibt kein Ende für die Opfer, die im Feuer der Zivilisation zerstört werden. Ihre fatalen Folgen manifestieren sich darin, daß die Menschen glauben, die Zivilisation würde Großartiges hervorbringen, obwohl sie unter ihre brennenden Flammen gedrängt werden. Sie werden völlig

unreligiös, und in Wirklichkeit ziehen sie kaum Vorteile aus ihrer Verstricktheit in die weltliche Zivilisation. Die Zivilisation ist wie eine Maus, die nagt, während dies beruhigend auf uns wirkt. Wenn ihre Wirkungen konkret geworden sind, werden wir sehen, daß der religiöse Aberglaube harmlos ist verglichen mit den Folgen der modernen Zivilisation. Ich befürworte keine Fortdauer des religiösen Aberglaubens. Wir werden ihn entschlossen und entschieden bekämpfen. Aber das können wir nie vollbringen, wenn wir die Religion verachten. Wir müssen der Religion mit Verständnis begegnen und ihren ureigensten Inhalt pflegen.

*Behaupten Sie, daß die Pax Britannica eine unnütze Belastung darstellt?*
Wenn Sie wollen, können Sie den Frieden sehen. Ich sehe keinen.

*Sie nehmen den Terror, den die Pindaris und Bhils entfacht haben, zu leicht.*
Wenn Sie an diese Sache einige Gedanken verwenden, merken Sie, daß Terror keine so mächtige Sache ist. Wenn der Terror dazu geeignet wäre, handfeste Ergebnisse hervorzubringen, müßten die anderen sozialen und ethnischen Gruppen längst ausgestorben sein, bevor die Engländer überhaupt zu uns gekommen sind. Der gegenwärtige Friede ist nur nominell. Durch diesen Frieden werden wir kraftlos, entmannt und feige. Wir dürfen nicht annehmen, daß die Engländer die Natur der Pindaris und Bhils verändert hätten. Es ist deshalb besser, unter der Gefahr der Pindaris zu leiden, als daß irgend jemand uns vor diesen Sozialbanditen beschützt und dabei Bedingungen geschaffen werden, unter denen wir verweichlichen. Ich ziehe es vor, von dem Pfeil eines Bhil getötet zu werden, als um einen unmännlichen Schutz zu

fliehen. Ohne diesen Schutz wäre Indien ein Land voll Tapferkeit und Mut. Macaulay[1] verriet grobe Unwissenheit, als er die Inder praktisch als Feiglinge verleumdete. Sie haben eine solche Beschuldigung niemals verdient. Feiglinge, die in einem Land leben, das aus unzugänglichem und gefährlichem Gebirgsterrain besteht und voll von Raubtieren ist, müßten mit Sicherheit frühzeitig ihr Grab finden. Haben Sie jemals unsere Felder besucht? Unsere Bauern schlafen auch heute noch furchtlos in ihren Hütten. Aber die Engländer, auch Sie und ich, werden zögern, dort zu schlafen. Ihre Stärke liegt in der Abwesenheit von Furcht, nicht in der Qualität des Fleisches auf unseren Körpern. Außerdem muß ich Sie daran erinnern, denn Sie wollen ja die Selbständigkeit Indiens, daß die Bhils und die Pindaris unsere Landsleute sind. Sie unter Kontrolle zu bringen, ist Ihre und meine Aufgabe. Solange wir unsere eigenen Brüder fürchten, solange werden wir in der Unreife verharren, ohne unser Ziel zu erreichen.

[1]Macaulay, Thomas Babington (1800–1859), englischer Politiker und Historiker. Er kam 1834 nach Indien, um dem «Supreme Council of India» vorzusitzen. Er war der Begründer des englischen Bildungssystems in Indien und wollte durch die Einführung des englischen Bildungssystems den indischen Subkontinent zivilisieren.

# Kapitel IX

## Die Lage Indiens – Eisenbahn

*Den Trost, den ich aus dem Frieden in Indien bezog, haben Sie mir genommen.*
Ich habe lediglich meine Meinung zum religiösen Aspekt geäußert. Wenn ich Ihnen jetzt meine Ansichten zur Armut in Indien darlege, werden Sie wahrscheinlich anfangen, mich nicht mehr zu mögen, denn das, was Sie und ich bisher als vorteilhaft für Indien empfunden haben, erscheint mir jetzt nicht mehr so.

*Was könnte das sein?*
Die Eisenbahn, die Rechtsanwälte und die Ärzte haben Indien so massiv in die Armut getrieben, daß wir alle der Verderbnis ausgeliefert sind, wenn wir nicht rechtzeitig aufwachen.

*Jetzt muß ich befürchten, daß wir wahrscheinlich keine Übereinstimmung in unserer Denkweise erzielen werden. Sie greifen jetzt die gleichen Institutionen an, die wir bisher als gut für Indien betrachtet haben.*
Es ist nötig, Geduld zu üben. Es ist schwierig für Sie, den wahren Kern des Übels der Zivilisation zu begreifen. Der Arzt versichert uns, der Schwindsüchtige hänge immer am Leben, obwohl sein Tod in wenigen Minuten eintreten wird. Die Tuberkulose weist keine wahrnehmbaren Wundstellen auf, sie erzeugt sogar eine irreführende gesunde Farbe im Gesicht, um uns glauben zu machen, es sei um den Patienten bestens

bestellt. Eine solche Krankheit ist die Zivilisation, deshalb müssen wir umsichtig und wachsam bleiben.

*Jetzt möchte ich gerne Ihre Ansichten über die Eisenbahn hören.*

Es muß für Sie offenkundig sein, daß die Engländer ohne die Eisenbahn Indien nicht in ihrer Gewalt halten können. Die Eisenbahn hat sich wie die Beulenpest in unserem Land ausgebreitet. Ohne sie könnten sich die Massen nicht von Ort zu Ort bewegen. Sie sind wahre Seuchenträger. Früher hatten wir eine natürliche Trennung. Die Eisenbahn ist daran schuld, daß die Hungersnöte häufiger werden, weil die Menschen das Getreide an weit enfernte Regionen verkaufen, wo sie teurer und profitträchtiger vermarktet werden können. Dabei benutzen sie dieses Transportmittel.

Die Menschen werden sorglos, während gleichzeitig der Druck der Hungersnöte wächst. Die Eisenbahn akzentuiert die böse Natur des Menschen. Bösartige Menschen können mit ihrer Hilfe ihre Absichten schneller durchsetzen. Heilige Stätten Indiens wurden entweiht. Früher konnten die Menschen diese Orte nur unter unsagbar großen Schwierigkeiten erreichen, deshalb wurden die heiligen Stätten nur von den wahrhaft Frommen besucht. Heute kommen Gauner dahin und verseuchen die heiligen Orte mit ihren Schurkereien.

*Sie sehen die Dinge sehr einseitig. Sowohl gute als auch schlechte Menschen können die heiligen Stätten besuchen. Warum nützen die Menschen die Eisenbahn nicht zu ihrem Vorteil aus?*

Das Gute im Menschen reist im Schneckentempo, deshalb kann es wenig mit der Eisenbahn zu tun haben. Diejenigen, die Gutes tun wollen, sind nicht selbstsüchtig. Sie haben es nicht eilig. Sie wissen, daß es lange Zeit braucht, die Menschen von der menschlichen Güte zu überzeugen. Aber das Böse hat Flügel. Es dauert eine Weile, ein Haus zu bauen. Seine Zerstörung jedoch braucht nicht lange. Die Eisenbahn hat sich zu einer Verteilungsagentur des Bösen entwickelt. Ob die Eisenbahn die Hungersnöte verbreitet, dürfte in Frage gestellt und erörtert werden. Außer Frage steht aber, daß die Eisenbahn das Übel verbreitet.

*Lassen wir das so, wie es ist. Aber alle diese Nachteile und Schäden, die durch die Eisenbahn hervorgerufen werden, sind durch die Tatsache mehr als ausgeglichen, daß durch sie heute in Indien ein neuer Geist des Nationalismus aufgekommen ist.*

Ich halte Ihr Argument für fehlerhaft. Die Engländer haben uns eingehämmert, wir seien in der Geschichte nie eine Nation gewesen und es würde Jahrhunderte dauern, bis wir zu einer Nation zusammenwachsen könnten. Dies entbehrt jeder Grundlage. Wir waren bereits eine Nation, bevor sie nach Indien gekommen sind. Eine einheitliche Denkweise hat uns inspiriert. Uns zeichnet die gleiche Lebensweise aus. Weil wir eine Nation waren, konnten sie bei uns ihr Königreich gründen, und später teilten sie uns.

*Dies bedarf einer näheren Erläuterung.*

Die Feststellung liegt mir fern, es gäbe zwischen uns als einer Nation keine inneren Unterschiede. Es muß jedoch darauf verwiesen werden, daß unsere großen Männer und Frauen zu Fuß oder auf Ochsenkarren durch das ganze Indien reisten. Sie lernten die Sprachen der anderen, und es gab keine Berührungsängste oder Ausgrenzungen zwischen unseren verschiedenen sozialen Gruppen. Was glauben Sie, welche Absichten unsere Vorväter hatten, als sie die Pilgerstätten Sethubandha im Süden, Jagannatha im Osten und Haridwar im Norden gründeten? Sie werden zugeben, daß sie keine Narren waren. Sie wußten, daß Gottesverehrung auch zu Hause vollzogen werden kann. Sie lehrten uns, daß die Menschen, deren Herzen von Rechtschaffenheit erfüllt sind, heiliges Gangeswasser in ihren Häusern haben sollten. Sie hatten verstanden, daß Indien von Natur aus ein ungeteiltes Land war. Ihr Argument war deshalb, Indien müsse auch eine Nation sein. Folglich errichteten sie heilige Stätten in verschiedenen Teilen Indiens und begeisterten das Volk mit der Idee der Nationalität, die ihresgleichen in anderen Erdteilen sucht. Wir Inder sind eins wie keine zwei Engländer eins sein können. Nur Sie und ich und andere, die sich selbst für überlegen halten, glauben, wir würden aus mehreren Nationen bestehen. Erst nach dem Bau der Eisenbahn begannen wir, an die Unterschiede zwischen uns zu glauben. Es steht Ihnen selbstverständlich völlig frei zu behaupten, wir hätten mit Hilfe der Eisenbahn begonnen, jene Unterschiede aufzuheben. Ein Opiumsüchtiger kann vom Vorteil des Opiumrauchens reden, nachdem er einmal angefangen hat, die Droge zu nehmen. Ich bitte Sie, scharf darüber nachzudenken, was ich Ihnen zum Thema Eisenbahn gesagt habe.

*Das tue ich mit Vergnügen. Doch eine Frage bewegt mich im Augenblick: Sie haben das Bild des präislamischen Indien skizziert, jetzt aber haben wir in unserem Lande Moslems, Parsen und Christen. Wie können wir eine Nation sein? Hindus und Mohammedaner sind alte Feinde. Beim Gottesdienst wenden sich die Moslems dem Westen zu, die Hindus dem Osten. Die Moslems verachten die Hindus, weil sie Bilder verehren, die Hindus verehren die Kuh, während die Mohammedaner sie töten. Auf diese Weise begegnen wir Schritt für Schritt dem Trennenden, das uns unterscheidet. Wie kann also Indien eine Nation sein?*

# Kapitel X

## Die Lage Indiens – Hindus und Mohammedaner

Ihre letzte Frage ist sehr wichtig, betrachtet man sie aber genauer, stellt sich heraus, daß sie leicht zu beantworten ist. Die Frage taucht wegen der Eisenbahnen, der Rechtsanwälte und der Ärzte auf. Ich möchte hier aber trotz allem noch beifügen, daß die Natur den Menschen so geschaffen hat, daß er seine Bewegungen darauf beschränken muß, was seine Hände und Füße zu leisten vermögen. Wenn wir nicht von Ort zu Ort hasten würden, mit Hilfe der Eisenbahnen und anderen verrückt machenden Mitteln, hätten wir einen großen Teil der entstandenen Verwirrung vermeiden können. Unsere Schwierigkeiten haben wir uns selbst geschaffen. Gott setzte die Grenzen des menschlichen Fortbewegungsstrebens mit der Konstruktion des menschlichen Körpers fest. Doch die Menschen haben sich schnell daran gemacht, Mittel zu finden, um diese Grenzen zu überwinden. Gott schenkte den Menschen den Geist, damit sie ihren Schöpfer erkennen können. Aber die Menschen mißbrauchten diesen Geist derart, daß sie ihren Schöpfer sogar vergessen könnten. Ich bin so geschaffen, daß ich nur meinen unmittelbaren Nachbarn dienen kann. Aber in meinem Dünkel gebe ich vor, entdeckt zu haben, daß ich mit meinem Körper jedem einzelnen Individuum des ganzen Universums dienen muß. Auf diese Weise das Unmögliche anstrebend, kommt der Mensch in Kontakt mit verschiedenen

Erscheinungen, verschiedenen Religionen und wird dabei grundlegend verwirrt. Deshalb muß es für Sie offensichtlich werden, daß die Eisenbahn eine sehr gefährliche Einrichtung ist. Durch sie hat sich der Mensch noch weiter von seinem Schöpfer entfernt.

*Ich dränge aber darauf, Ihre Antwort zu meiner Frage zu hören. Hat die Einführung des Islam in Indien die Nation nicht auseinandergebracht?*
Indien wird nicht aufhören, eine Nation zu sein, weil Menschen verschiedener Konfessionen hier leben. Die Ausländer müssen nicht notwendigerweise eine Gefahr für unsere Nation darstellen. Es ist möglich, daß sie sich den Lebensbedingungen unseres Landes anpassen und assimiliert werden. Die Nation muß doch in der Lage sein, solche Bedingungen zu schaffen. Eine Nation muß die geistige Fähigkeit haben, andersgeartete Menschen zu assimilieren. Indien war immer dazu fähig. In Wirklichkeit gibt es in Indien so viele Religionen wie es Einwohner gibt. Aber diejenigen, denen der Geist der Nationalität bewußt ist, werden nicht in andere Religionen intervenieren. Wenn sie das tun, verdienen sie nicht, Teil dieser Nation zu sein. Wenn die Hindus denken, daß Indien nur von Hindus beherrscht und bevölkert werden sollte, dann leben sie in einem Traumland. Die Hindus, die Mohammedaner, die Parsen und die Christen, die Indien zu ihrem Heimatland gemacht haben, sind Landsleute. Es ist ihre Pflicht, hier gemeinsam und in Einheit zu leben, in ihrem eigenen Interesse. In keinem Teil der Welt sind Nationalität und Religion synonyme Begriffe, auch in Indien waren sie es nie.

*Aber die Hindus und die Mohammedaner sind doch Erbfeinde?*
Diese Behauptung wurde von unserem gemeinsamen Feind erfunden. Die Hindus und die Mohammeda-

ner haben sich früher gegenseitig bekämpft und haben unter diesem Druck gelebt. Aber sie haben aufgehört, sich gegenseitig zu bekämpfen. Wo gibt es denn diese Erbfeindschaft? Die Hindus haben in den mohammedanischen Fürstentümern gelebt, die Mohammedaner umgekehrt auch in den Hindustaaten. Keine der jeweiligen Religionen wurde mit Waffengewalt unterdrückt. Beide Gruppen haben deshalb beschlossen, in Frieden zusammenzuleben. Erst das Eindringen der Engländer und ihre Konsolidierung in diesem Land hat die alten Konflikte zwischen Hindus und Mohammedanern wieder entfacht. Wir dürfen nicht vergessen, daß die Hindus und die Mohammedaner die gleiche ethnische Herkunft haben. Das gleiche Blut fließt in ihren Adern. Müssen die Menschen Feinde werden, weil sie eine andere Konfession haben? Ist der Gott des Islam verschieden von dem der Hindus?
Die Religion hat verschiedene Pfade, die zu dem gleichen Punkt führen. Es ist doch irrelevant, wenn wir verschiedene Wege gehen, um das gleiche Ziel zu erreichen. Ich wundere mich, wo es hier die Ursache für einen Streit geben soll.

Hinzu kommt, daß es selbst unter den Hindus verschiedene sektiererische Richtungen gibt, wie Schiwaismus und Wischnuismus. Obwohl sie verschiedenen sektiererischen Gruppen angehören, kann man nicht von ihnen behaupten, sie gehörten nicht zur gleichen Nation. Die altindische Religion der heiligen Bücher, der Veden, oder die vedische Religion, ist doch anders als die darauffolgenden späteren Glaubensrichtungen auf indischem Boden. Trotzdem blieb Indien eine Nation. Tatsache ist jedoch, daß wir jetzt versklavt sind. Die Querelen unter uns werden von einer dritten Partei angestiftet. Es gibt hinduistische Bilderstürmer und mohammedanische. Wir müssen uns mehr Wissen über andere Religionen aneignen, das uns befähigt, diese Religionen zu verstehen. Dadurch würden wir eine Atmosphäre schaffen, die Kriege mit solchen Religionen, denen wir nicht angehören, verhinderte.

Wenn jeder zunächst die Essenz, den eigentlichen zentralen Inhalt seiner Religion verstünde, daran festhielte und verhinderte, daß falsche Propheten sie beeinflußten, dann gäbe es keinen Raum für die Entstehung von Konflikten unter den Religionen.

*Jetzt würde ich gerne Ihre Ansicht zum Schutz der heiligen Kühe hören.*

Ich selbst respektiere die heiligen Kühe, das heißt, ich begegne ihnen mit zärtlicher Ehrerbietung. Die Kuh ist die Beschützerin Indiens, denn als landwirtschaftliches Land ist Indien von der Nachkommenschaft der Kuh abhängig. Die Kuh ist auch auf hundert verschiedene Arten ein sehr nützliches Tier. Unsere mohammedanischen Brüder werden dem sicher zustimmen.

Aber wie ich die heiligen Kühe respektiere, so respektiere ich auch meine Mitmenschen. Ein Mensch ist genauso nützlich wie eine Kuh, gleichgültig ob er nun Mohammedaner ist oder Hindu. Soll ich denn nun mit einem Mohammedaner kämpfen, oder ihn sogar töten, um eine Kuh zu retten? Würde ich das tun, wäre ich ein Feind sowohl der Kuh als auch des Mohammedaners geworden. Deshalb besteht meiner Meinung nach die einzige Möglichkeit, die heilige Kuh zu beschützen, darin, auf meine mohammedanischen Brüder zuzugehen und sie um des Landes willen zu bitten, ebenfalls die heiligen Kühe zu schützen. Hört er mir nicht zu, dann müßte ich die Kuh gehenlassen, weil die Angelegenheit nun über meine Fähigkeiten hinausgeht. Wäre ich von tiefem Mitleid mit der Kuh erfüllt, müßte ich mein eigenes Leben opfern, um das ihrige zu retten, dürfte aber nicht das Leben eines meiner mohammedanischen Brüder nehmen. Ich glaube daran, daß dies ein Gesetz unserer Religion ist.

Wenn Menschen aber starrsinnig werden, wird es immer schwieriger. Ziehe ich in eine Richtung, wird mein moslemischer Bruder in die entgegengesetzte Richtung ziehen. Setze ich eine überlegene Miene auf, wird er es mir gleichtun. Verbeuge ich mich aber freundlich vor ihm, wird er sich noch freundlicher verbeugen. Und wenn er dies nicht tut, so habe ich keinen Fehler begangen, indem ich mich verbeugt habe. Aber seit die Hindus starrsinnig geworden sind, nimmt das Töten von Kühen zu. Meiner Ansicht nach können Gesellschaften, die die Kühe beschützen, auch als Gesellschaften betrachtet werden, die die Kühe töten. Es ist eine Schande, daß wir solche Gesellschaften benötigen. Als wir aber vergaßen, wie die Kühe beschützt werden sollten, denke ich, benötigten wir auch solche Gesellschaften.

Was soll ich tun, wenn ein Blutsbruder dabei ist, eine Kuh zu töten? Soll ich ihn töten, oder soll ich ihm zu Füßen fallen und ihn anflehen, es nicht zu tun? Wenn Sie zugeben, daß ich letzteres tun soll, so muß ich dies auch bei meinen moslemischen Brüdern befolgen. Wer schützt denn die heilige Kuh vor der Zerstörung durch die Hindus selber, die sie auf grausame Weise mißhandeln? Wer redet auf die Hindus ein, die gnadenlos mit ihren Stöcken auf die Nachkommenschaft der Kühe einschlagen? All dies hat uns aber nicht davon abgehalten, eine Nation zu bleiben.

Schließlich, falls es wahr ist, daß die Hindus an die Doktrin des Nicht-Tötens glauben, die Mohammedaner hingegen nicht, welches ist dann, bitte, die Pflicht der Erstgenannten? Es steht nicht geschrieben, daß ein Anhänger des *Ahimsa*-Prinzips (des Nicht-Tötens) einen Mitmenschen töten darf. Für ihn ist der Weg klar. Um das Leben eines Lebewesens zu retten, darf er nicht ein anderes töten. Er kann nur bitten – und darin liegt auch seine einzige Pflicht. Aber glaubt jeder Hindu an das *Ahimsa*-Prinzip? Gehen wir der Sache auf den Grund, dann müssen wir feststellen, daß kein einziger Mensch eine solche Religion praktizieren kann, denn wir zerstören immer Leben. Man sagt, daß wir dieser Religion folgen, weil wir von der Belastung befreit werden wollen, Leben in irgendeiner Form zu zerstören. Allgemein gesprochen können wir aber auch beobachten, daß viele Hindus Fleisch zu sich nehmen und demzufolge keine Anhänger des *Ahimsa*-Prinzips sind. Es ist also absurd anzunehmen, daß Hindus und Mohammedaner nicht friedlich zusammenleben könnten, weil die Hindus an das Prinzip des Nicht-Tötens glauben und die Mohammedaner nicht.

Solche Gedanken werden uns von selbstsüchtigen und falschen religiösen Lehrern eingegeben. Den letzten Schliff geben ihnen die Engländer. Sie haben die Angewohnheit, die Geschichte niederzuschreiben; sie geben vor, die Sitten und Gebräuche aller Menschen zu studieren. Gott hat uns beschränkte geistige Fähigkeiten gegeben, sie aber schreiben sich einen göttlichen Geist zu und geben sich neuen Experimenten hin. Sie loben ihre eigenen Forschungen in den höchsten Tönen und beeindrucken uns damit so sehr, daß wir diesen Berichten ebenfalls glauben. Daraufhin fallen wir ihnen in unserer Unkenntnis zu Füßen.

Diejenigen, die sich davor hüten wollen, Dinge zu mißverstehen, sollten den Koran lesen. Sie werden dort Hunderte von Abschnitten finden, die für Hindus durchaus akzeptabel sind. Auch die Bhagavad-Gita enthält Passagen, an denen kein Mohammedaner Anstoß nehmen kann. Soll ich einen Mohammedaner nicht mögen, weil im Koran Abschnitte zu finden sind, die ich nicht verstehe oder die mir nicht behagen? Es braucht immer zwei für einen Streit. Möchte ich mit einem Mohammedaner nicht streiten, so wird es nicht in seiner Macht liegen, mir einen Streit aufzudrängen. Und in der gleichen Weise wäre ich machtlos, wenn sich ein Mohammedaner weigert, mit mir zu streiten. Ein in die leere Luft schlagender Arm löst sich von seinem Körper. Wenn jeder versuchen wird, das Kernstück seiner Religion zu verstehen und diesem zu folgen und keinen falschen Lehrern erlaubt, ihn zu beherrschen, dann wird kein Raum zum Streiten mehr vorhanden sein.

*Glauben Sie, daß die Engländer erlauben würden, daß wir wieder zusammenkommen, beide Konfessionen?*
Diese Frage ist das Produkt Ihrer eigenen Feigheit. Wir denken sehr oberflächlich. Wenn zwei Brüder in Frieden zusammen wohnen, glauben Sie, es sei einer dritten Partei möglich, sie zu trennen? Wenn einer von ihnen der dritten Partei zuhört und sich für den Konflikt benutzen läßt, ist er ein Narr. Ähnlich müssen wir uns selbst anklagen, anstatt die Engländer, daß wir selbst an den Konflikten schuld sind. Ein Tontopf kann mit einem Stein oder einem anderen harten Gegenstand zerbrochen werden. Wenn der Topf aber bruchfest gemacht worden wäre, hätte das Problem gar nicht erst entstehen können. Die Aufgabe des Zusammenkittens, des Aufeinanderzugehens, fällt den Hindus zu, denn sie sind der Zahl nach überlegen und behaupten, gebildeter zu sein. Sie sind deshalb besser in der Lage, sich gegen Angriffe auf ihre freundschaftlichen Beziehungen zu den Mohammedanern zu schützen.

Es gibt wirklich ein gegenseitiges Mißtrauen zwischen diesen zwei Gemeinschaften. Die Mohammedaner bitten die Engländer um bestimmte Privilegien und Konzessionen. Warum sollten die Hindus dagegen sein? Wenn die Hindus alles unterlassen, gegen die Forderungen der Mohammedaner vorzugehen, werden die Engländer schon feststellen, daß ihre Rechnung nicht aufgeht. Die Mohammedaner ihrerseits werden allmählich beginnen, den Hindus Vertrauen zu schenken. Daraus kann sich eine Bruderschaft entwickeln. Wir sollten uns schämen, wenn wir unsere Konflikte durch die Engländer regeln lassen wollen. Jeder Mensch kann feststellen, daß die Hindus nichts dabei verlieren, wenn sie nicht gegen die Forderungen der Mohammedaner opponieren. Jemand, der einem anderen Vertrauen schenkt, hat dadurch nichts verloren.

Ich möchte hier nicht den falschen Eindruck erwecken, als wollte ich behaupten, die Hindus und die Mohammedaner würden sich nie bekämpfen. Zwei Brüder, die zusammenleben, tun das manchmal auch. Es kommt sogar öfter vor, daß sie sich gegenseitig die Köpfe zerschlagen. Das ist aber nicht notwendig, denn nicht alle Menschen reagieren auf die gleiche Weise. Wenn die Menschen in Wut geraten, tun sie in ihrer Verworrenheit närrische Dinge. Damit müssen wir leben. Wenn wir uns streiten, sollten wir aber auf keinen Fall die Hilfe eines Dritten anrufen oder zu den Engländern gehen, damit sie unseren Streit schlichten, oder zu den Gerichtshöfen. Zwei Menschen sind in einen körperlichen Kampf verwickelt, und einer schlägt den anderen. Nun kommt eine dritte Partei, und ich frage mich, wie unter solchen Umständen eine dritte Partei Gerechtigkeit herbeiführen kann.

# Kapitel XI

## Die Lage Indiens – Die Rechtsanwälte

*Sie meinen, wenn zwei Menschen in einen Streit verwickelt sind, sollen sie sich nicht an die Gerichte wenden? Das finde ich erstaunlich!*
Ob Sie das nun erstaunlich finden oder nicht, es ist meine Überzeugung. Und Ihr Einwurf leitet nun eine Diskussion über die Ärzte und Rechtsanwälte ein. Es ist meine feste Überzeugung, daß die Rechtsanwälte Indien in die Sklaverei getrieben, die Differenzen zwischen Hindus und Mohammedanern verschärft und die englische Staatsgewalt unterstützt haben.

*Es ist sehr leicht, solche Vorwürfe zu machen. Aber es wird schwierig sein, diese Vorwürfe mit Beweisen zu untermauern. Wer hätte uns den Weg in die Unabhängigkeit gewiesen, wenn nicht die Rechtsanwälte? Wer hätte für sie Gerechtigkeit herbeigeführt? Beispielsweise hat der verstorbene Manomohan Ghose kostenlos manch einem armen Menschen Rechtsbeistand geleistet. Der «Congress», den Sie so hoch gelobt haben, kann ohne die Rechtsanwälte gar nicht funktionieren, er ist völlig abhängig von ihren Leistungen. Eine so geschätzte Klasse von Menschen zu denunzieren, bedeutet der Ungerechtigkeit Vorschub zu leisten. Außerdem mißbrauchen Sie die Pressefreiheit, indem Sie die Rechtsanwälte hier in ein schlechtes Licht setzen.*

Früher dachte ich genauso wie Sie. Es geht mir nicht darum, Sie davon zu überzeugen, daß die Advokaten nie etwas Gutes getan haben. Meine Verehrung gebührt der Erinnerung an Ghose. Es ist richtig, daß er den Verarmten und Entrechteten geholfen hat. Es klingt auch durchaus glaubhaft, daß der «Congress» in mancher Hinsicht den Rechtsanwälten zu Dank verpflichtet ist. Die Rechtsanwälte sind Menschen, und in jedem Menschen steckt auch etwas Gutes. Wann immer Beispiele dafür vorgebracht werden, daß die Rechtsanwälte sich für eine gute Sache eingesetzt haben, dann muß man sehen, daß etwas Gutes vollbracht wurde, weil sie Menschen sind, und nicht, weil sie Anwälte sind. Ich bin daran interessiert, Ihnen zu zeigen, daß dieser Beruf die Unmoral lehrt. Er ist der Versuchung, unmoralisch zu handeln, ausgesetzt, wovor nur wenige Menschen gefeit sind.

Die Hindus und die Mohammedaner streiten sich. Ein normaler Mensch würde ihnen raten, mit dem Streiten aufzuhören, und wird versuchen, ihnen klarzumachen, daß die Schuld zu gleichen Teilen auf beiden Seiten liegt. Aber die Streitenden gehen zu den Rechtsanwälten. Die Pflicht der Anwälte ist es, ihren Klienten beizustehen, Wege und Argumente zu finden, um den Prozeß für die Klienten zu gewinnen, die ihnen oft ganz fremd sind. Wenn man diesen Weg nicht geht, wird man verschrien, als würde man den Beruf durch den Schmutz ziehen. Deshalb werden die Rechtsanwälte in der Regel Streitigkeiten schüren und aufbauschen, statt dem Streit ein Ende zu machen. Hinzu kommt, daß die Leute diesen Beruf nicht wählen, um den anderen aus ihrem Elend herauszuhelfen, sondern um sich zu bereichern. Dieser Beruf bietet die Möglichkeit, Geld zu scheffeln, und ihr Interesse ist es, Streitigkeiten zu vermehren. Sie sind hoch erfreut, wenn die Menschen ständig in Streitigkeiten verstrickt sind. Es gibt Anwälte, die tatsächlich Streitigkeiten selbst anstiften und wie viele andere Blutegel das Blut der Armen aussaugen. Rechtsanwälte sind faule Leute, die nichts tun und nur dem Wohlleben frönen.

Es waren die Rechtsanwälte, die das Ehrenwerte an ihrem Beruf entdeckten. Sie entwerfen Gesetze, die ihre eigenen Lobgesänge singen. Sie entscheiden darüber, wie hoch ihre Gebühren sind und setzen eine Fassade der Unnahbarkeit auf, damit die Verarmten glauben sollen, sie seien vom Himmel gefallen.

Warum fordern sie für ihre Leistung mehr Geld als ein normaler Arbeiter bekommt? Warum sind ihre Bedürfnisse größer? Steht denen, die für die Gemeinschaft Gutes tun, ein größeres Entgelt zu? Wenn irgend etwas gegen Entgelt für das Land getan wird, wie kann man das als gut bezeichnen?

Viele, die sich mit den Streitigkeiten zwischen Hindus und Moslems befaßt haben, wissen, daß diese oft durch Interventionen von Rechtsanwälten entstanden sind. Manche Familien wurden durch Rechtsanwälte zugrunde gerichtet. Sie haben aus Brüdern Feinde gemacht. Fürstentümer, die unter die Treuhandschaft von Advokaten gestellt waren, wurden mit Schulden überladen. Manche wurden regelrecht ausgeraubt. Solche Beispiele finden sich unzählige.

Aber der größte Schaden, den sie diesem Land zugefügt haben, liegt darin, daß sie die Engländer begünstigt haben. Glauben Sie, es wäre den Engländern jemals möglich gewesen, ohne die Gerichtshöfe dieses Land zu regieren? Es ist ein schwerer Fehler zu glauben, die Gerichtshöfe seien zum Wohle der Menschen entstanden. Die Macht der Herrschenden wird durch die Gerichtshöfe fortgesetzt. Wenn die Menschen ihre Streitigkeiten unter sich lösen könnten, würde eine dritte Partei nicht in der Lage sein, über sie Autorität und Gewalt auszuüben.

Tatsächlich sind die Menschen weniger mutig, wenn sie durch den Einsatz von physischer Gewalt eine Lösung ihrer Streitigkeiten herbeiführen wollen oder wenn sie ihre Verwandten anflehen, für sie eine Entscheidung zu treffen. Sie werden noch weniger Mut zeigen und sich feige verhalten, wenn sie sich um der Gerechtigkeit willen an die Gerichtshöfe wenden. Sicherlich war es ein Zeichen von Verwilderung, wenn sie ihre Konflikte durch den Kampf gelöst haben. Ist es weniger schlimm, wenn ich eine dritte Partei bitte, für mich einen Schlichtungsvorschlag zu machen? Natürlich ist die Entscheidung einer dritten Partei nicht immer richtig. Nur die streitenden Parteien wissen, wer recht hat. Wir in unserer Einfachheit und Unwissenheit glauben daran, daß ein Fremder uns die Gerechtigkeit zukommen lasse, wenn er dafür Geld von uns nimmt.

Es ist sehr wichtig, sich immer zu vergegenwärtigen, daß die Gerichte ohne die Anwälte nicht entstanden wären bzw. nicht arbeiten könnten und daß ohne Gerichtshöfe die Engländer dieses Land nicht regieren könnten. Angenommen, es gäbe nur englische Richter, englische Rechtsanwälte und englische Polizei: Sie würden nur über Engländer herrschen. Aber hier könnten die Engländer ohne die indischen Richter und Anwälte nichts durchsetzen. Man muß verstehen, wie die Rechtsanwälte ausgebildet werden und wie ihnen die Gunst der Engländer zuteil wird. Dann werden Sie ebenso wie ich diesen Beruf verabscheuen. Wenn die Rechtsanwälte ihren Beruf aufgeben, weil sie ihn so entwürdigend wie die Prostitution empfinden, würde die englische Herrschaft an einem einzigen Tag zusammenbrechen. Sie werden von den Engländern zu Werkzeugen gemacht, uns so zu beeinflussen, daß wir Streitigkeiten und Gerichtshöfe lieben wie der Fisch das Wasser. Was ich Ihnen über die Rechtsanwälte gesagt habe, gilt auch für die Richter. Beide sind Kusinen ersten Grades. Sie bestärken sich gegenseitig in der Wichtigkeit ihrer Funktionen.

## Kapitel XII

## Die Lage Indiens – Die Ärzte

*Jetzt verstehe ich die Rolle der Rechtsanwälte. Das wenige Gute, das sie getan haben, ist wahrscheinlich nur zufällig. Ich glaube, dieser Beruf ist tatsächlich verabscheuenswert. Doch warum ziehen Sie auch die Ärzte in diesen Strudel hinein?*
Die Ansichten, die ich hier äußere, sind nicht unbedingt meine eigenen. Viele westliche Schriftsteller und Wissenschaftler haben ebenfalls die Ärzte und Rechtsanwälte verurteilt. Früher liebte ich sogar den medizinischen Beruf. Ich hatte die Absicht, Arzt zu werden und dem Land zu dienen. Diese Absicht habe ich jetzt nicht mehr. Ich kann jetzt verstehen, warum die Medizinmänner bei uns einen wenig ehrenwerten Status hatten.

Die Engländer haben gewiß sehr effektiv den medizinischen Beruf ausgenutzt, uns zu kontrollieren. Die englischen Ärzte sind bekannt dafür, ihren Beruf zu benutzen, die politische Gunst der asiatischen Potentanten zu erkaufen.

Die Ärzte haben uns fast aus der Bahn geworfen. Ab und zu denke ich, Pfuscher sind besser als hochqualifizierte Ärzte. Lassen Sie mich diesen Gedanken etwas näher erläutern. Die Aufgabe eines Arztes ist es, für das körperliche Wohl zu sorgen oder, richtiger gesagt, nicht einmal das. Seine eigentliche Aufgabe besteht darin, die Krankheiten, die den Körper angegriffen haben, herauszufinden. Wie entstehen diese

Krankheiten? Sicherlich, indem wir unseren Körper vernachlässigen oder irgendwelchen Lastern frönen. Essen wir zuviel, haben wir Probleme mit der Verdauung. Wir gehen dann zum Arzt und nehmen die Tabletten, die er uns gibt, und wir sind geheilt. Wir essen wiederum zuviel, nehmen wieder seine Tabletten. Hätten wir beim erstenmal die Tabletten nicht genommen, hätten wir durch die Magenverstimmung die Strafe verbüßt, eine Strafe, die wirklich verdient war. Dann hätten wir versucht, vorsichtiger zu sein und nicht zuviel zu essen. Der Arzt hat hier eingegriffen und geholfen und uns weiter ermutigt, diesen Dingen zu frönen. Obwohl der Körper sich wohl gefühlt hat, ist der Geist schwächer geworden. Die Fortsetzung der Einnahme von Medikamenten muß in einen Verlust der Kontrolle über den Geist münden. Ich fröne also einem Laster, die Krankheit befällt mich, ein Arzt heilt meine Krankheit, und alles wird sich wiederholen. Hätte der Arzt nicht eingegriffen, hätte die Natur ihr Werk vollbracht, und ich hätte die Gelegenheit gehabt, mich zu meistern, über meine Sinne Herr zu werden. Ich hätte die Möglichkeit gehabt, mich von dem Laster zu befreien und glücklich zu werden.

Krankenhäuser sind Institutionen, die die Sünde verbreiten. Die Menschen kümmern sich nicht um ihre Körper, wodurch die Unmoral wächst. Die europäischen Ärzte sind die schlimmsten ihrer Sorte. Aus einer falsch verstandenen Sorge um den Körper töten sie jährlich Tausende von Tieren. Man nennt dies Tierexperimente. Sie praktizieren die Vivisektion. Keine Religion billigt ein solches Tun. Aber alle sagen, es sei notwendig, viele solcher Leben zu opfern, um den menschlichen Körper zu retten.

Die Ärzte verletzen unsere religiösen Gefühle. Die meisten ihrer Medikamente enthalten entweder tierisches Fett oder alkoholische Bestandteile. Beide Ingredienzien sind sowohl von Hindus als auch von Mohammedanern zum Tabu erklärt worden.

Wir können so tun, als seien wir zivilisiert. Wir können die religiösen Tabus als Aberglauben abtun und den Dingen frönen, die wir gern haben. Die Tatsache bleibt, daß die Ärzte uns anspornen, den Lastern weiter zu frönen. Das Ergebnis sind der Verlust unserer Selbstkontrolle und die Verweichlichung. Unter diesen Umständen sind wir nicht fähig, unserem Lande zu dienen. Europäische Medizin zu studieren bedeutet, unsere Sklaverei zu vertiefen.

Es lohnt, darüber nachzudenken, warum wir Mediziner werden. Sicherlich tun wir das nicht mit der Absicht, der Menschheit einen großen Dienst zu erweisen. Wir werden Ärzte, weil wir geehrt und reich sein wollen. Ich meine, in diesem Beruf steckt kein Funke von Dienst an der Menschheit. Die Ärzte verlangen astronomische Wuchergebühren für das Zurschaustellen ihrer Kunst. Genauso verkaufen sie ihre Präparate zu exorbitanten Preisen. Die Bevölkerung, in ihrem naiven Glauben und in ihrer Leichtgläubigkeit und in der Hoffnung, die Krankheit loszuwerden, erlaubt es den Ärzten, sie so zu betrügen. Glauben Sie nicht, daß die Pfuscher besser sind als solche Ärzte, die mit der Aura der Menschlichkeit ihren Beruf zur Schau stellen?

*Mit Sarojini Naidu auf dem Salzmarsch, Dandi, 1930*

## Kapitel XIII

## Was ist die wahre Zivilisation?

*Sie haben die Eisenbahn, die Ärzte und die Rechtsanwälte verdammt. Ich schließe daraus, daß Sie auch die Maschinen verwerfen. Was ist eigentlich die wahre Zivilisation?*

Die Antwort ist nicht schwer. Ich glaube, daß die Zivilisation, die Indien entwickelt hat, in der heutigen Welt unübertroffen dasteht. Es gibt nicht ihresgleichen in der Weltgeschichte, wie die Samen unserer Zivilisation, die unsere Vorväter in Indien gesät haben. Der Untergang Roms war unvermeidlich, Griechenland teilte das gleiche Schicksal, die Macht der Pharaonen wurde gebrochen, Japan wurde verwestlicht, von dem großen China kann ich noch nichts sagen. Aber Indien hat sich irgendwie, was seine kulturellen Grundlagen angeht, bis jetzt gehalten. Die Völker Europas versuchen, aus den Schriften der grossen Männer Griechenlands oder Roms zu lernen, die heute nicht mehr leben, sondern nur im Ruhm alter Zeiten schlummern. Die Europäer glauben, wenn sie versuchen, aus den alten Lehren zu lernen, sei es möglich, die gleichen Fehler der Griechen oder Römer zu vermeiden. So ist die bedauernswerte Situation. Mitten in den weltweiten Umwälzungen aber bleibt Indien unbeweglich. Man wirft Indien vor, sein Volk sei unzivilisiert, unwissend und phlegmatisch, es sei ihm nicht möglich, sich anzustrengen, um sich dem Wandel anzupassen. Dieser Vorwurf gilt vordergründig unseren verdienstvollen geschichtlichen Errungenschaften. Was wir auf dem Amboß der Erfahrung geprüft und gefunden haben, sollten wir nicht über Nacht verändern. Viele versuchen, Indien mit ihren Ratschlägen zu überrumpeln. Doch Indien bleibt beständig und ungerührt. Das ist das Schöne an diesem Land. Es ist der Rettungsanker unserer Hoffnung.

Die Zivilisation ist eine Verhaltensweise, die den Menschen den Weg der Verpflichtung und der Pflicht weist. Pflichterfüllung und Festhalten an der Moral sind wandelbare Begriffe. An der Moral festhalten heißt, Herr über unseren Geist und über unsere Leidenschaften zu werden. Indem wir das tun, werden wir uns selbst besser begreifen. In der Sprache Gujarati heißt das Wort für Zivilisation «gutes Betragen» oder «gutes Benehmen».

Wenn diese Definition richtig sein soll, braucht Indien von anderen Ländern oder von anderen Menschen nicht sehr viel zu lernen, mögen das auch viele Schriftsteller anders sehen. Das soll auch so sein. Der Geist ist ein ruheloser Vogel. Je mehr er bekommt, nach desto mehr verlangt er und bleibt trotzdem unbefriedigt. Je mehr wir uns in unsere Leidenschaften verstricken, desto ungezügelter werden sie. Deswegen haben unsere Vorväter der hemmungslosen Verstrickung in unsere Laster eine Grenze gesetzt. Der Mensch muß nicht notwendigerweise glücklich sein, weil er reich ist, oder unglücklich, weil er arm ist. Auch die Reichen sind oft unglücklich, und umgekehrt sind die Armen oft glücklich. Millionen von Menschen werden immer arm bleiben. Unsere Vorväter haben uns geraten, vom Luxus und von unmäßigen Bedürfnissen Abstand zu nehmen. Wir benutzen den gleichen Pflug, den unsere Vorfahren benutzt haben. Wir wohnen in den gleichen Hütten wie in früheren Zeiten, und unser ursprüngliches

Bildungssystem ist das gleiche geblieben. Wir haben kein System lebenszerstörender Konkurrenz. Jedes Mitglied der Gesellschaft folgt seinem Beruf und verlangt gerechten Lohn für die verrichtete Arbeit. Es ist nicht so, daß wir die Maschinen nicht hätten erfinden können. Wir haben das aber nicht getan, weil wir wußten, daß wir mit der Erfindung der Maschinen ihre Sklaven geworden wären und den inneren Halt verloren hätten. Aus dieser Einsicht haben sie beschlossen, nur das zu tun, was wir mit unseren Händen und Füßen machen können. Dazu kam die Einsicht, daß die wahrhafte Glückseligkeit und die Gesundheit nur im richtigen Gebrauch unserer Hände und Füße besteht. Unsere Vorväter haben argumentiert, der Aufbau großer Städte könne eine Falle und eine nutzlose Belastung sein, die Menschen würden darin keineswegs glücklich werde, und diese neuen Wohngebiete würden Bedingungen schaffen, unter denen Diebstahl, Raub und Prostitution zunehmen würden, und die Reichen wären darauf aus, die Armen zu berauben. Deshalb haben sie für kleinere Gemeinwesen plädiert. Sie wußten, daß die Schwerter der Könige viel minderwertiger sind als die Schwerter der Ethik, deshalb sind die weltlichen Güter dieser Erde viel minderwertiger als die Lehren unserer großen Seher und Heiligen der vergangenen Zeiten. Eine Nation mit einer solchen geistigen Verfassung und Geschichte ist eher in der Lage, andere Völker zu lehren als von ihnen zu lernen. Unsere Nation hatte früher allerdings auch Gerichtshöfe, Rechtsanwälte und Ärzte, aber jede dieser Institutionen kannte ihre Grenzen und wurde bei Übertretungen stets von den Menschen in die Schranken gewiesen. Alle wußten, daß diese Berufe nicht sonderlich hoch zu bewerten sind. Außerdem konnten die damaligen Rechtsanwälte und Ärzte das Volk nicht berauben; sie wurden als abhängig vom Volk betrachtet, nicht als seine Herren. Der Vollzug der Gerechtigkeit war einigermaßen erträglich gewesen. Im allgemeinen herrschte die Regel, die Gerichtshöfe zu vermeiden. Das Übel der Gerichtshöfe konnte in und um die Großstädte beobachtet werden. Die Mehrheit der Menschen war durchaus selbständig und ging ihren landwirtschaftlichen Berufen nach. Die Menschen fühlten sich wohl in der wirklichen Selbstverwaltung.

Wo diese verfluchte Zivilisation ihr Unwesen nicht treiben kann, lebt jenes Indien unberührt weiter wie zuvor. Die Bewohner jener Teile Indiens würden sich über Ihre neumodischen Ansichten sehr amüsieren. Die Engländer haben keine Macht über sie, noch werden sie jemals beherrscht werden können. Die, in deren Namen wir sprechen, kennen wir nicht, und sie kennen uns auch nicht. Ich möchte Ihnen und Ihren Gleichgesinnten nahelegen, tief in das Innere des Landes zu gehen, wo es von der Eisenbahn noch nicht verschmutzt ist, und sechs Monate unter diesen Menschen zu leben. Dann werden Sie sich vielleicht auf die eigentlich unvergängliche Größe dieses Landes besinnen und das von mir entworfene Modell der Selbstregierung richtig finden.

Sie haben nun gesehen, was ich inhaltlich unter wirklicher Zivilisation verstehe. Alle, die darauf aus sind, unsere oben skizzierten Lebensbedingungen zu ändern, sind Feinde unseres Landes und außerdem Sünder.

*Es wäre alles in Ordnung, wenn das Bild Indiens, das Sie gezeichnet haben, die Wirklichkeit reflektieren würde. Es gibt aber auch das Indien, in dem Tausende von Kinderwitwen in sozialer Isolation ein erbärmliches Leben fristen, in dem Tausende von Kleinkindern verheiratet werden, wo zwölfjährige Mädchen zu Hausfrauen und Müttern gemacht werden, wo Frauen*

*Polyandrie praktizieren, wo noch die Sitte des Niyog*[1] *herrscht, wo sich Mädchen im Namen der Religion zur Prostitution hergeben müssen, wo im Namen der Religion Ziegen und Schafe geschlachtet werden. Betrachten Sie diese unrühmlichen Sitten und Praktiken als Symbole der Zivilisation, die sie so eifrig beschrieben haben?* Sie begehen einen Fehler. Die Mißstände, die Sie angeprangert haben, sind selbstverständlich nicht zu leugnen. Kein Mensch verwechselt sie jedoch mit der alten Zivilisation, obgleich sie immer noch bestehen. Viele Versuche wurden und werden unternommen, diese schlechten Praktiken zu beseitigen. Wir müssen unseren neuen Geist einsetzen, uns von diesem Übel zu befreien. Ich habe Ihnen die Wahrzeichen der modernen Zivilisation, wie sie von ihren Jüngern verbreitet wird, aufgedeckt. Die indische Zivilisation, wie sie von mir gezeichnet wurde, ist von ihren Anhängern genauso verstanden worden. In keinem Teil der Welt, nicht einmal unter der Obhut einer Zivilisation, wurde je die Vollkommenheit des Menschen erreicht. Trotzdem kann man von bestimmten Tendenzen sprechen. Die Tendenz der indischen Zivilisation kommt in ihrem Bemühen, die moralische Wesenhaftigkeit zu erringen, zum Ausdruck, während die westliche Zivilisation das Auswuchern der Unmoral als tugendhaft bewertet. Die westliche ist eine gottlose Zivilisation, während die indische Zivilisation auf dem Gottesglauben basiert.

[1]Niyog: Eine nach *Manus* Hindukodex weitverbreitete Sitte im Alten Indien, die auch als «arische Praxis» bezeichnet wird. Danach kann eine kinderlose Witwe mit dem jüngeren Bruder ihres verstorbenen Mannes in sexuelle Beziehungen treten, um einen Stammhalter zu haben. Diese von *Manus* Gesetzbuch sanktionierte Sitte war vor allem bei den Kriegerkasten und den Königsdynastien weit verbreitet.

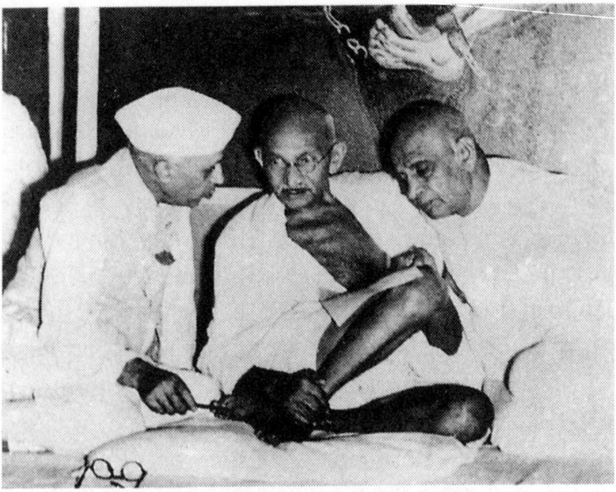

*oben: Mit Jawahrlal Nehru und Patel*
*unten: Mit dem indischen Dichter Rabindranath Tagore in Santiniketan*

# Kapitel XIV

## Wie kann sich Indien befreien?

*Ich habe Verständnis für das, was Sie über die Zivilisation gesagt haben. Darüber muß ich noch nachdenken. Angesichts Ihrer Meinung über die Zivilisation möchte ich Sie fragen, wie Sie sich die Befreiung Indiens vorstellen.*

Bisher haben wir sehr indirekt über die Voraussetzungen, die zur Befreiung Indiens führen, diskutiert. Nun wollen wir direkt und offen an das Problem herangehen. Es ist eine altbekannte Maxime, daß die Aufdeckung der Ursachen einer Krankheit zur Beseitigung der Krankheit führt. In ähnlicher Weise müssen die Ursachen der Sklaverei Indiens angegangen werden, und Indien kann frei werden.

*Gesetzt den Fall, es ist richtig, wie Sie behaupten, daß die indische Zivilisation nur Gutes bietet, wer ist dann für ihre Versklavung verantwortlich?*

Ja, die indische Zivilisation ist unbestritten die beste. Hinzugefügt werden muß jedoch, daß alle Zivilisationen Bewährungsproben durchstehen müssen. Die Zivilisation, die beständig und permanent ist, überdauert alles. Weil die Söhne Indiens sich bis jetzt ihrem geschichtlichen Auftrag versagt haben, ist sie großer Gefahr ausgesetzt. Ihre Stärke liegt jedoch in ihrer Fähigkeit, den Schock zu überleben. Außerdem wurde nicht das ganze Indien betroffen, sondern nur die Teile, die den Auswirkungen der westlichen Zivilisation ausgesetzt waren. Sie wurden versklavt. Wir messen das Universum an unserer armseligen Elle. Wenn wir Sklaven sind, neigen wir dazu, das ganze Universum als versklavt zu betrachten. Weil wir unterwürfig und in einem erbärmlichen Zustand sind, glauben wir, das ganze Indien befände sich in der gleichen Situation. Wir unterschieben dem ganzen Indien unseren Zustand der Unterwürfigkeit. Wenn Sie diese Tatsache erkennen, können Sie folgern, daß Indien dann frei sein wird, wenn wir selbst frei sind. In diesem Gedanken finden Sie die inhaltliche Bestimmung des Begriffes «Swaraj». Es ist «Swaraj», wenn wir lernen, uns selbst zu regieren. Es liegt in Ihrer Hand. Betrachten Sie «Swaraj» nicht als einen Traum! Man kann nicht mehr hinter verschlossenen Türen darüber debattieren. Das «Swaraj», das ich wünsche, ist – einmal Wirklichkeit geworden – so beschaffen, daß wir uns lebenslang bemühen müssen, unsere Landsleute zu überzeugen, das gleiche zu tun wie wir. Ein solches «Swaraj» muß jedoch von jedem für sich selbst erlebt werden. Ein Mensch, der selbst ertrinkt, kann kaum einen anderen Ertrinkenden retten. Es wäre bloße Prahlerei und Anmaßung, wenn wir glaubten, wir, die Sklaven, könnten die anderen befreien.

Nun werden Sie einsehen, daß es nicht notwendig ist, sich die Vertreibung der Engländer aus Indien zum Ziel zu setzen. Wenn die Engländer sich in Indien assimilieren oder indisieren, haben wir genügend Platz für sie. Wenn sie sich aber an ihre Zivilisation klammern, gibt es keinen Platz für sie in unserem Land. Es liegt an uns, den ersehnten Zustand herbeizuführen.

*Es ist unmöglich, daß die Engländer sich unserem Lande anpassen.*
Ihre Meinung kommt der Auffassung nahe, man könne in den Engländern keine Spur von Menschlichkeit entdecken und es sei völlig irrelevant, ob sie sich anpassen oder nicht. Wenn wir unser Haus in Ordnung bringen, bleiben nur die Menschen hier, die in ihm auch leben wollen. Das entspricht unserer Erfahrung.

*So etwas hat sich in unserer Geschichte bestimmt noch nie ereignet.*
Zu glauben, so etwas habe sich in unserer Geschichte noch nie ereignet, bedeutet, den Glauben an die Würde des Menschen verloren zu haben. Es liegt nur an uns, das zu tun, was die Vernunft uns sagt. Nicht alle Länder sind den gleichen Bedingungen unterworfen. Die Lage Indiens ist einmalig. Seine Stärke ist unermeßlich. Deshalb brauchen wir keinen Bezug auf die Geschichte anderer Länder zu nehmen. Ich habe vorhin versucht, Ihnen zu verdeutlichen, daß die indische Zivilisation diese Erschütterungen überleben wird, wenn die anderen Völker längst untergegangen sind.

*Dem kann ich nicht folgen. Für mich scheint kaum zweifelhaft, daß wir die Engländer mit Waffengewalt aus Indien vertreiben müssen. Solange sie in unserem Land sind, können wir nicht ruhen. Wie ein Dichter sagte, daß Sklaven vom Glück nicht einmal träumen können, so werden wir von Tag zu Tag schwächer durch die Anwesenheit der Engländer. Unsere geschichtliche Größe ist geschwunden. Unser Volk scheint von Schrekken gehetzt. Die Engländer sind in unserem Lande wie ein Schandfleck, der beseitigt werden muß, gleich mit welchen Mitteln.*

In Ihrer Erregung vergessen Sie leider alles, was wir bisher gesagt haben. Wir haben die Engländer nach Indien geholt, und wir halten sie hier. Warum vergessen Sie, daß die Zivilisation, die wir angenommen haben, erst die Anwesenheit der Engländer in Indien möglich macht? Sie müssen Ihren Haß gegen die Engländer gegen deren Zivilisation richten.

Lassen Sie uns aber einmal annehmen, wir müßten die Engländer mit Waffengewalt vertreiben. Wie wollen Sie das denn fertigbringen?

*Auf die gleiche Weise, wie Italien das getan hat. Was für Mazzini und Garibaldi möglich, das muß auch für uns möglich sein. Sie können doch nicht leugnen, daß beide große Männer waren!*

# Kapitel XV

## Italien und Indien

Es ist gut, daß Sie das Beispiel Italiens jetzt in die Diskussion bringen. Mazzini war ein großer und gütiger Mensch. Garibaldi war ein großer Krieger. Beide waren verehrenswerte Menschen. Wir können sehr viel aus ihrem Leben lernen, aber die Lage Italiens ist völlig verschieden von der Indiens. Zunächst müssen wir versuchen, die Unterschiede zwischen Mazzini und Garibaldi herauszuarbeiten, das ist wichtig. Mazzinis Lebensziel hat sich nicht erfüllt. Mazzini hat in seinen Schriften aufgezeigt, daß jeder Mensch lernen muß, sich selbst zu regieren. Er schrieb sehr viel über die Pflichten des Menschen. Seine Forderung hat sich jedoch in Italien nicht erfüllt. Garibaldi war völlig anderer Meinung als Mazzini. Garibaldi nahm die Waffen, gab sie jedem Italiener, und Italien nahm diese Waffen an. Italien und Österreich leben nach den Prinzipien der gleichen Zivilisation, sie sind wie Kusinen. Es ging damals um Vergeltung. Garibaldi wollte, daß Italien sich von dem österreichischen Joch befreite. Allerdings sind die Machenschaften des Ministers Cavour ein Schandfleck in der Geschichte Italiens. Was war das Resultat? Wenn Sie glauben, die Italiener seien glücklich, weil jetzt Italiener die italienische Nation regieren, irren Sie sich. Mazzini hat schließlich gezeigt, daß Italien sich nicht wirklich befreien konnte. Victor Emanuele hat diesen geschichtlichen Abschnitt anders interpretiert, als Mazzini. Nach Emanuele, Cavour und Garibaldi war mit Italien eigentlich nur noch der König von Italien und seine Gefolgsleute gemeint. Nach Mazzini jedoch bestand Italien aus dem italienischen Volk und den Bauern. Das Italien von Mazzini befindet sich heute noch im Zustand der Sklaverei. Zur Zeit des nationalen Krieges ging es um ein Schachspiel zwischen zwei rivalisierenden Königen, wobei die Italiener die Schachfiguren darstellten. Sie verübten Attentate, Aufstände folgten, die Revolte manifestierte sich, und die Rebellion war da. Was hat Italien denn grundsätzlich nach dem Abzug der österreichischen Truppen gewonnen? Es war nur ein nominaler Gewinn. Die Reformen, die im Krieg eine so große Rolle spielten, blieben aus. Der Zustand der Bevölkerung ist der gleiche geblieben, und ich hoffe, Sie werden nicht versuchen wollen, diesen Zustand in Indien zu reproduzieren. Ich bin fest davon überzeugt, daß Sie dafür arbeiten werden, Millionen von Indern glücklich werden zu lassen. Sie werden das aber so lange nicht erreichen, bis Sie nicht fest die Zügel der Regierung in Ihren Händen halten. Wenn das so ist, wie können dann Millionen von Menschen die Selbstverwaltung verwirklichen? Sie werden zugeben, daß Millionen von Indern durch indische Prinzen brutal unterdrückt werden. Ihre Tyrannei ist schlimmer und größer als die englische. Wenn es Ihr Ziel sein sollte, eine Tyrannei durch eine andere Tyrannei zu ersetzen, haben wir keinen gemeinsamen Boden der Diskussion und der Aktion. Mein Patriotismus lehrt mich, mich dafür einzusetzen, daß die Inder nicht unter dem Druck indischer Fürsten niedergewalzt werden, wenn die Engländer aus Indien abgezogen sind. Wenn ich die Macht habe, muß ich mich genauso gegen die Tyrannei der indischen Prinzen stemmen, wie ich gegen die englische Tyrannei kämpfe.

Mein Patriotismus richtet sich auf das Wohlergehen des ganzen Volkes. Wenn ich dieses Wohlergehen mit Hilfe der Engländer erreichen kann, werde ich mich in Ehrfurcht vor ihnen verneigen. Wenn ein Engländer sein Leben für die Freiheit Indiens einsetzt, gegen die Tyrannei Widerstand leistet und sein ganzes Selbst in den Dienst Indiens stellt, werde ich ihn mit offenen Armen willkommen heißen wie einen Inder.

Hinwiederum könnte Indien kämpfen, wenn es Waffen hätte. Dieses Problem haben Sie vermutlich nicht berücksichtigt. Die Engländer sind bis an die Zähne bewaffnet. Das würde mir keine Angst einflößen, aber es scheint mir klar zu sein, daß wir Millionen von Indern bewaffnen müßten, wenn wir mit Waffengewalt gegen die Engländer kämpfen wollten. Wenn das geschehen sollte, wie viele Jahre würde das dauern? Indien in großem Ausmaß zu bewaffnen bedeutet, Indien zu europäisieren. Dann wird sein Zustand genauso bedauernswert sein wie der Europas. Das heißt kurz gesagt, daß Indien die europäische Zivilisation akzeptieren müßte. Wenn wir das wollen, wäre das Beste, was wir tun können, daß diejenigen, die in dieser Zivilisation trainiert und ausgebildet sind, zu den Waffen greifen und für ein paar Rechte kämpfen. So können wir vielleicht einen angenehmen Lebensabend verbringen. Es bleibt aber eine Tatsache, daß die indische Nation sich niemals an eine Bewaffnung gewöhnen würde. Es ist gut, daß dies bisher auch nicht geschehen ist.

*Sie übertreiben! Nicht jeder muß bewaffnet sein. Zunächst werden wir einige Engländer umbringen, dann wird eine Terrorwelle Indien überfluten, und dann werden wir eine Gruppe von Leuten bewaffnen, die gegen die Engländer kämpft. Gleichzeitig werden wir noch eine Viertelmillion Leute bewaffnen, um unser Land zurückzuerobern. Wir werden einen Guerillakrieg gegen die Engländer entfachen und die Engländer zwingen, das Land zu verlassen.*

Das heißt also, Sie wollen aus diesem heiligen Land Indien ein entweihtes Gebiet machen. Wird Ihnen nicht angst bei dem Gedanken, Indien durch Attentate zu befreien? Was wir brauchen, ist das Opfer. Wir müssen uns selbst opfern. Es ist feige, jemanden zu töten, weil wir selbst nicht in der Lage sind, uns zu opfern. Wen wollen Sie eigentlich befreien durch diese Attentate? Millionen Inder wollen das nicht. Nur diejenigen, die von der modernen Zivilisation berauscht sind, glauben daran. Diejenigen, die durch Mord an die Macht gekommen sind, werden der Nation kein Glück bringen.

*Sie werden doch zustimmen, daß die Engländer durch die bereits geschehenen Morde in Schrecken versetzt wurden. Die von Lord Morley eingeführten Reformen waren das Resultat dieser Angst vor uns.*

Die Engländer sind teils feige, teils sind sie eine tapfere Nation. England, so glaube ich wenigstens, kann sehr leicht durch den Gebrauch von Schießpulver beeinflußt werden. Möglicherweise hat der Vertreter Englands, Lord Morley, aus Angst vor schrecklichen Entwicklungen bestimmte politische Reformen eingeführt. Was aber unter Furcht und Angst gegeben wird, kann nur so lange bestehen, solange Furcht und Angst dauern.

# Kapitel XVI

## Brutale Gewalt

*Das ist eine neue Doktrin, die besagt, was einer durch das Einflößen von Angst gewonnen hat, kann er nur behalten, solange diese Angst andauert. Was aber einmal gegeben wurde, kann nicht mehr zurückgenommen werden.*

Nein, so ist es nicht. Nach dem Aufstand der Soldaten im Jahre 1857 wurde die indische Verwaltung umstrukturiert, so kam es zur Proklamation von 1857. Der Zweck dieser Proklamation war, den Frieden zu erhalten. Als es dann Frieden gab und die Bevölkerung sich langsam daran gewöhnt hatte, verlor dieser Friede seine eigentliche historische Wirkung. Wenn ich aufhöre zu stehlen aus Angst vor Bestrafung, werde ich wieder damit anfangen, sobald diese Angst vorbei ist, die mich veranlaßt hatte, mit dem Stehlen aufzuhören. Sie neutralisiert sich im Laufe der Zeit. Das ist eine universelle Erfahrung. Wir gehen grundsätzlich davon aus, daß wir die Menschen zu einem bestimmten Handeln zwingen können. Deshalb wenden wir Gewalt an.

*Sie werden zugeben, daß Sie gegen sich selbst argumentieren. Wie Sie wissen, erhielten die Engländer in ihrem eigenen Land alles nur durch die Anwendung von roher Gewalt. Sie werden argumentieren, daß das, was sie auf diese Weise erhalten haben, nutzlos ist, aber das beeinträchtigt mein Argument nicht. Sie wollten nutzlose*

*Dinge, und die haben sie auch erhalten. Meine Behauptung ist, daß ihr Wunsch in Erfüllung gegangen ist. Was macht es dann noch aus, welche Mittel sie benutzt haben. Warum können wir unser gutes Ziel nicht durch die Anwendung von Gewalt erreichen? Glauben Sie, ich sollte mir darüber Gedanken machen, wenn ich einen Dieb in meinem Haus erwische, mit welchen Mitteln ich ihn hinausbekomme? Meine erste Pflicht ist es, ihn aus dem Haus zu vertreiben. Sie haben selbst zugegeben, daß das, was wir von den Engländern bekommen haben, nichts ist. Wir werden auch nichts durch unsere unzähligen Bittschriften erhalten. Warum können wir denn um Gottes willen keine Gewalt anwenden? Wir versuchen nur, das zu behalten, was wir bekommen haben, indem wir Angst einflößen und es mit Gewalt verteidigen, solange das notwendig ist.*

*Sie werden es doch hoffentlich nicht als Fehler bezeichnen, wenn wir unter geringem Zwang ein Kind davor bewahren, seinen Fuß ins Feuer zu setzen? Gleichgültig mit welchen Mitteln, wir müssen unser Ziel erreichen.*

Ihr Argument scheint ganz plausibel zu sein. Es hat schon sehr viele Menschen irregeführt. Auf die gleiche Weise habe ich früher auch argumentiert. Aber durch meine Erfahrung weiß ich jetzt besser, was richtig ist, und ich werde versuchen, Sie auf diesen richtigen Weg zu bringen.

Wir wollen uns zunächst mit dem Argument auseinandersetzen, wir seien frei in der Auswahl unserer Mittel, mit denen wir unser Ziel erreichen wollen, weil die Engländer die gleichen Mittel auch anwenden. Es ist wahr, daß die Engländer brutale Gewalt angewandt haben, es ist uns auch möglich, auf die gleiche Art unser Ziel zu erreichen. Wir müssen allerdings bedenken, daß wir nur dann die gleichen Ziele wie die Engländer erreichen können, wenn wir die gleichen Mittel anwenden. Das würde die Errichtung einer staatlichen Institution bedeuten, die auf Gewalt gegründet ist. Sie werden zugeben, daß das nicht unser Ziel sein kann. Ihr Ausgangspunkt, daß zwischen Mittel und Ziel keine Verbindung bestehe, scheint mir falsch zu sein. Viele Menschen haben im Namen der Religion unverzeihliche Verbrechen begangen, weil sie diese Verbindung zwischen Mittel und Ziel übersehen hatten. Ihr Argument hört sich an, als könnten wir Rosen züchten, wenn wir Unkraut säen. Wenn ich das Meer überqueren will, kann ich das mit einem Schiff tun. Würde ich aber einen Karren oder eine Kutsche benutzen, verschwänden wir auf dem Meeresgrund. Wie der Herr, so ist auch sein Gefolgsmann. Diese Maxime ist wertvoll genug, um darüber nachzudenken. Ihre Bedeutung ist aber entstellt, aus den Fugen gerissen, und die Menschen sind fehlgeleitet worden. Das Mittel ist wie der Same, und das Ergebnis ist der Baum. So wie es eine unzerstörbare Verbindung zwischen dem Mittel und dem Ziel gibt, so besteht auch die Verbindung zwischen dem Samen und dem Baum. Ich glaube nicht, daß ich irgend etwas erreichen werde, wenn ich zu Gott bete und dabei den Satan verehre. Wenn mir jemand sagt, es sei gleichgültig, ob ich den Satan verehre, wenn ich nur Gott anbete, dann ist diese Aussage ein grober Fehler. Wir ernten genau das, was wir säen. 1833 haben die Engländer unter Gewaltanwendung ein breiteres Stimmrecht errungen. Weil sie Gewalt angewendet haben, glauben Sie nun, daß die Engländer ihre Pflichten jetzt besser verstehen würden. Sie wollten das Stimmrecht, sie haben es unter Anwendung brutaler Gewalt bekommen. Aber die wahren Rechte können nur aus der Pflichterfüllung entstehen. Diese Rechte haben sie aber nicht bekommen. Heute insistiert in England jeder auf seinen Rechten, jeder will für seine Rechte mit brutaler Gewalt kämpfen, aber keiner denkt an seine Pflichten. Wenn nun jeder für seine Rechte kämpft, wer ist es dann, der diese Rechte gewährt? Damit will ich sagen, daß die Pflichterfüllung keineswegs im gleichen Verhältnis zu den Rechten steht, für die gekämpft wird. Das heißt, daß Rechte errungen werden, ist das Resultat von Gewalt. Also korrespondiert das von Ihnen genannte Ergebnis genau mit dem Mittel, das Sie auch angewandt haben. Wenn ich Ihre Uhr stehlen will, muß ich dafür kämpfen. Wenn ich Ihre Uhr kaufen will, muß ich dafür bezahlen. Wenn ich Ihre Uhr zum Geschenk haben will, muß ich Sie darum bitten. Je nach dem Mittel, das ich angewandt habe, ist die Uhr entweder gestohlen, mein gekauftes Eigentum oder mein geschenktes Eigentum. Hier sehen wir drei Resultate angewandter Mittel. Sagen Sie jetzt immer noch, daß die Mittel keine Rolle spielen?

Nehmen wir einmal das Beispiel des Diebes, der aus dem Haus vertrieben werden muß. Ich stimme nicht mit Ihnen überein, daß der Dieb mit allen Mitteln vertrieben werden soll. Wenn mein Vater der Dieb wäre, würde ich ein anderes Mittel wählen, als wenn es ein Bekannter wäre; wenn sich eine mir vollkommen fremde Person als Dieb in meinem Haus aufhielte, würde ich wiederum andere Mittel anwende. Wenn der Dieb gebrechlich ist, müssen die Mittel andere sein als die, die gegen einen kräftigen Mann angewendet werden. Wenn der Dieb bis an die Zähne bewaffnet ist, würde ich zunächst ganz ruhig bleiben. Wir haben also ein großes Spektrum an Möglichkeiten, wie Mittel angewendet werden können. Etwa die Mittel meinem Vater gegenüber oder bei einem bewaffneten Einbrecher. Die Stärke meines Vaters würde mich zum Weinen bringen, und ich würde ihn sehr bedauern. Die Stärke des bewaffneten Mannes würde mich zornig machen, und wir würden Feinde werden. So entstehen jeweils andere Situationen. Ich weiß, daß wir nicht einer Meinung sein werden, was die Wahl der Mittel angeht. Ich bin mir selbst darüber im klaren, welche Mittel ich in einer bestimmten Situation anwenden würde. Wenn ich sie Ihnen nenne, könnte Sie das erschrecken, aber damit werde ich noch warten. Ich lasse Sie raten, wie ich wohl reagieren würde. Sie haben gesehen, daß nicht alle Mittel tauglich sind, einen Dieb zu vertreiben. Sie müssen Mittel entwickeln, die den Bedingungen einer Situation entsprechen. Daraus können wir folgern, daß es nicht Ihre Pflicht sein kann, den Dieb mit jedem Mittel zu vertreiben.

Wir wollen unser Argument nun weiterentwickeln. Ein bewaffneter Mann hat Ihr Eigentum gestohlen. Das hat Sie schmerzlich getroffen. Sie sind voll Zorn. Sie wollen diesen Schurken bestrafen. Sie sagen, nicht in Ihrem eigenen Interesse, sondern im Interesse Ihrer Nachbarn. Sie holen viele bewaffnete Männer zusammen und wollen das Haus des Banditen angreifen. Der jedoch ist darüber informiert. Er flieht und mobilisiert seine Freunde und andere Banditen und läßt Ihnen die unverschämte Nachricht zukommen, er wolle bei hellem Tageslicht in Ihre Gegend einfallen und plündern. Sie sind stark, Sie kennen keine Furcht, und Sie sind gut vorbereitet, ihn zu empfangen.

In der Zwischenzeit aber schikaniert er Ihre Nachbarn, die zu Ihnen kommen und sich beschweren. Sie versuchen, die Nachbarn zu beschwichtigen und erklären, daß Ihr Handeln nur im Interesse der Nachbarn läge. Sie sind sogar bereit, Ihr Eigentum den Nachbarn zu überlassen. Die Nachbarn werden sagen, daß sie vor diesem Zwischenfall nie schikaniert worden seien, und daß Sie angefangen hätten, die Feindschaft zu schüren. Die Banditen verwüsten schließlich die ganze Gegend. Sie Ihrerseits bedauern diese armen Menschen, Sie sagen, alles sei wahr und richtig, worüber geklagt wird. Was tun Sie nun? Sie wären entehrt, wenn Sie jetzt aufhörten und dem Räuber das Feld überlassen würden. Sie sagen diesen armen Menschen, Ihr Eigentum würde ihnen gehören, wenn sie sich Ihnen anschließen würden. Sie würden ihnen Waffen geben und sie lehren, diese Waffen zu gebrauchen, um den Schurken das Handwerk zu legen. Nun hat der Kampf feste Formen angenommen, er beginnt. Die Zahl der Räuber nimmt zu, und die Nachbarn sind ständig Opfer der Angriffe und Verwüstungen. Das Ergebnis wird sein, daß es für Sie keinen Frieden mehr gibt. Die Rache hat den Frieden verdrängt. Die Menschen leben in ständiger Angst und fürchten, angegriffen und beraubt zu werden. Ihr ursprünglicher Mut hat sich in Feigheit verwandelt. Wenn Sie meine Ausführungen geduldig analysieren, werden Sie feststellen, daß ich das Bild nicht überzeichnet habe. Lassen Sie uns nun das andere Mittel auch untersuchen. Sie bedauern den bewaffneten Räuber als einen unwissenden Bruder. Sie versuchen, bei passender Gelegenheit vernünftig mit ihm zu reden. Sie sagen ihm, er sei Ihr Mitmensch. Sie wissen nicht, was ihn veranlaßt hat, Sie zu bestehlen. Deshalb beschließen Sie, wenn Sie das können, die Ursachen zu bekämpfen. Während Sie versuchen, die Gründe für einen Diebstahl herauszufinden und zu einer vernünftigen Antwort zu kommen, kehrt der Räuber wieder und bestiehlt Sie nochmals.

Statt ihm erregt und zornig zu begegnen, versuchen Sie, Mitleid mit ihm zu haben. Sie bedauern ihn. Sie glauben, daß diese Gewohnheit zu stehlen eine Krankheit sein muß. Von diesem Punkt an lassen Sie alle Ihre Türen und Fenster offen und verlegen Ihre Schlafstelle. Sie ordnen die Dinge in Ihrem Haus so, daß sie für ihn am zugänglichsten sind. Der Dieb kommt wieder und ist schon beim ersten Blick verwirrt, weil dies alles für ihn völlig neu ist. Das hat er noch nicht erlebt. Doch bestiehlt er Sie wieder. Aber sein Gemüt ist nun unruhig und verwirrt. Er erkundigt sich im Dorf über Sie und erfährt, daß Sie ein großzügiger Mensch sind, der ein liebenswertes Herz hat. Er bereut, er kommt zu Ihnen, bittet Sie um Vergebung, bringt alle Ihre Dinge wieder zurück und hört mit dem Stehlen auf. Er wird Ihr Kamerad und Sie werden für ihn einen guten Arbeitsplatz suchen. Das ist die andere Methode.

Sie sehen, verschiedene Mittel haben völlig verschiedene Ergebnisse hervorgebracht. Daraus kann man natürlich nicht schließen, daß sich alle Diebe und Räuber auf diese Weise benehmen würden. Oder daß alle Menschen die Angelegenheit so behandeln würden wie Sie, nämlich mit Liebe und Mitleid. Ich möchte Ihnen damit zeigen, daß gerechte Mittel zu gerechten Resultaten führen. In den meisten Fällen, wahrscheinlich nicht in allen, ist die Macht der Liebe unendlich größer als die Waffengewalt. In der Ausübung brutaler Gewalt ist großer Schmerz verborgen, nie im Mitleid.

Nun wenden wir uns der Frage der Bittschriften zu. Es ist eine unbestrittene Tatsache, daß Bittschriften ohne die Unterstützung durch einen gewissen Zwang unnütz sind. Jedoch, wie der verstorbene Richter Ranade zu sagen pflegte, dienen Bittschriften einem nützlichen Zweck, denn sie tragen dazu bei, das Volk zu erziehen. Bittschriften drücken die Lage des Volkes aus und sind gleichzeitig eine Warnung an die Herrschenden. So gesehen, sind Bittschriften nicht völlig nutzlos. Die Bittschrift eines Gleichwertigen ist ein Zeichen von Höflichkeit. Die Bittschrift eines Sklaven ist ein Symbol seiner Sklaverei. Eine Bittschrift, die von einem gewissen Zwang unterstützt wird, ist die Bittschrift eines Gleichwertigen. Wenn es ihm gelingt, seine Forderungen in Form einer Bittschrift zu überbringen, bezeugt dies seine edle

Gesinnung. Zwei Arten von Zwang können eine Bittschrift unterstützen: Erstens werden wir sie verletzen, wenn sie unsere Forderungen nicht erfüllen. Das ist Zwang durch Waffengewalt, deren üble Ergebnisse wir schon untersucht haben. Die zweite Art von Zwang kann so formuliert werden: Wenn sie unsere Forderungen nicht erfüllen, werden wir uns nicht mehr mit Bittschriften an sie wenden. Sie können uns nur so lange beherrschen, solange wir als die Beherrschten da sind. Wir werden mit ihnen keinerlei Beziehungen mehr haben.

Dieser Zwang kann als Macht der Liebe, als Seelenkraft beschrieben werden oder populär, jedoch weniger genau, als passiver Widerstand. Diese Macht ist unzerstörbar. Wer diese Macht anwendet, hat seine eigene Position vollkommen begriffen. Die Gewalt der Waffen ist völlig machtlos gegenüber der Macht der Liebe, der Seelenkraft.

Jetzt wollen wir Ihr letztes Beispiel untersuchen, bei dem ein Kind seinen Fuß ins Feuer setzen will. Was tun Sie wirklich mit dem Kind? Angenommen, das Kind entkommt Ihnen und drängt sich so schnell zum Feuer, daß Sie es nicht zurückhalten können. Jetzt gibt es nur noch zwei Mittel für Sie. Entweder müssen Sie das Kind töten, wenn Sie verhindern wollen, daß es in den Flammen verbrennt. Oder Sie müssen Ihr eigenes Leben opfern, um nicht Zeuge werden zu müssen, wie das Kind in den Flammen umkommt. Töten werden Sie es gewiß nicht. Wenn Ihr Herz nicht voll von Mitleid ist, kann es sein, daß Sie nichts unternehmen, um das Kind vor dem Flammentod zu retten. Sie stehen hilflos da und lassen es in den Flammen sterben. Auf diese Weise müssen Sie keinen physischen Zwang anwenden. Aber Sie dürfen nicht glauben, es sei physischer Zwang, wenn Sie das Kind jetzt mit Gewalt daran hindern, sich ins Feuer zu begeben. Dieser Zwang, diese Gewalt gehören zu einer völlig anderen Kategorie. Wir müssen lernen, sie richtig anzuwenden.

Vergessen Sie nicht, daß Sie ganz im Interesse des Kindes handeln, wenn Sie es daran hindern, ins Feuer zu treten. Sie üben Ihre Autorität nur im Interesse des Kindes aus. Dieses Beispiel ist aber nicht auf die Engländer übertragbar. Wenn Sie brutale Gewalt gegen die Engländer anwenden, vertreten Sie Ihre eigenen Interessen, das heißt die nationalen Interessen. Hier stellt sich nicht die Frage des Mitleids oder der Liebe. Wenn Sie meinen, die Aktionen der Engländer, so übel sie sind, repräsentieren das Feuer aus unserem Beispiel und entstehen aus lauter Unwissenheit, während Sie die Position des Kindes übernehmen, wie wollen Sie dann das Kind retten? Es geht nur, wenn Sie sämtliche üblen Aktionen, gleichgültig von wem sie ausgeführt worden sind, beiseite lassen und sich opfern. Wenn Sie zu solch unermeßlichem Mitleid fähig sind, wünsche ich Ihnen alles Gute bei Ihren Übungen.

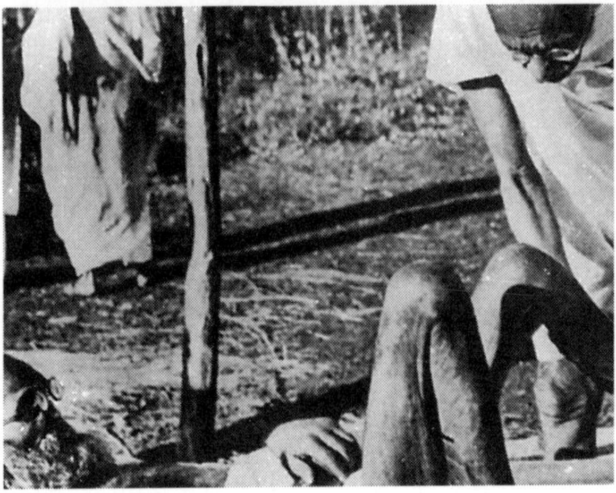

*oben: Mit Lord Mountbatten, dem Vizekönig Indiens*
*unten: Gandhi in einer Leprakolonie*

## Kapitel XVII

## Der passive Widerstand

*Gibt es einen historischen Beweis für den Erfolg dessen, was Sie gerade ausgeführt haben: Die Seelenkraft oder die Macht der Wahrheit? Mir ist kein Beispiel bekannt, bei dem eine Nation sich durch Seelenkraft entwickelt hätte. Ich glaube immer noch, daß die Übeltäter nicht von ihren Gewalttaten ablassen werden, wenn sie keine körperliche Bestrafung zu erwarten haben.*

Der Dichter Tulsidas sagte einmal, Mitleid und Liebe seien die Wurzeln der Religion, wie die Ichhaftigkeit des Körpers. Deshalb dürfen wir das Mitleid nicht verwerfen, solange wir leben. Dieser Satz scheint mir eine wissenschaftliche Wahrheit zu vermitteln. Ich glaube an diesen Satz, wie ich glaube, daß zwei mal zwei vier ist. Die Macht der Liebe ist gleich der Macht der Seele oder der Wahrheit. Wir haben Beweise dafür, daß sich dies bei jedem Schritt, den wir tun, auswirkt. Das Universum würde verschwinden ohne diese Macht. Sie aber fragen nach dem historischen Beweis. Es ist notwendig zu wissen, was Geschichte überhaupt bedeutet. Das Gujarati-Wort für Geschichte heißt «Es ist so geschehen». Wenn dies die Bedeutung von Geschichte ist, kann ich Ihnen reichlich Beweismaterial vorlegen. Wenn Geschichte aber das Tun und Wirken der Könige und Kaiser bedeutet, gibt es keine Beweise für die Existenz der Seele oder für den passiven Widerstand. Sie können in einer Zinnmine kein Silbererz finden. Wie man uns gelehrt hat, ist Geschichte das Dokument der Kriege in dieser Welt. Es gibt in England ein Sprichwort, das besagt, eine Nation ohne Geschichte, das heißt ohne Kriege, sei eine glückliche Nation. Wie die Könige regierten, wie sie Feinde wurden und sich gegenseitig mordeten, alle diese Geschehnisse werden genau in die Geschichte aufgenommen. Wenn das alles wäre, was überhaupt in dieser Welt bisher geschehen ist, hätte die Welt längst ihr Ende finden müssen. Wenn die Geschichte des Universums mit Kriegen begonnen hätte, wäre heute kein einziger Mensch mehr lebendig. Im Krieg sind ganze Völker vom Erdboden verschwunden, wie die Eingeborenen von Australien, die bis auf wenige von den Eindringlingen ausgerottet wurden. Wir müssen leider feststellen, daß die Einheimischen nicht die Macht ihrer Seelen zu ihrer Verteidigung eingesetzt haben. Es braucht keinen großen Weitblick, um festzustellen, daß die Australier das gleiche Schicksal erleben werden wie ihre Opfer. Die zum Schwert greifen, werden vom Schwert vernichtet werden. Wie ein indisches Sprichwort sagt, finden Berufsschwimmer ihr Grab im Wasser.

Die Tatsache, daß so viele Millionen Menschen noch leben, ist doch nicht auf die Macht der Waffen zurückzuführen, sondern auf die Macht der Wahrheit und der Liebe. Das ist der größte und unanfechtbarste Beweis für den Erfolg der Macht der Liebe, trotz so vieler Kriege in dieser Welt.

Tausende und Abertausende von Menschen sind in ihrer Existenz abhängig von dem aktiven Wirken dieser Macht. Kleine Querelen und Zank im täglichen Leben von Millionen Familien verschwinden vor dieser Macht. Hunderte von Nationen leben in Frieden. Die Geschichte kann und will diese Tatsache aber nicht wahrnehmen. Geschichte ist in der Tat ein Dokument vielfältiger Unterbrechungen des gleichmäßigen Wirkens der Macht der Liebe und der Seelenkraft. Zwei Brüder zanken sich. Einer von ihnen bereut das und erweckt Liebe im anderen. So beginnen die beiden wieder, in Frieden zu leben. Kein Mensch in ihrer Nachbarschaft wird sich dafür interessieren. Wenn diese beiden Brüder aber durch die Intervention von Rechtsanwälten oder anderen Mittelsmännern zu den Waffen greifen oder zum Gericht gehen, was nur eine andere Form des Austragens von brutaler Gewalt darstellt, erscheinen große Presseberichte darüber, der Streit wird zum Tagesgespräch bei den Nachbarn, und wahrscheinlich werden sie auf die eine oder andere Weise in die Geschichte eingehen. Was für Familien und Gemeinschaften als wahr gilt, ist auch wahr für die Nationen. Es gibt keinen Grund zu glauben, es müsse für Familien andere Gesetze geben als für die Nationen, denn die Geschichte ist die dokumentarische Aufzeichnung von Unterbrechungen des Verlaufs der Natur. Weil die Macht der Seele natürlich ist, findet sie keinen Platz in der Geschichte.

*Nach Ihren Aussagen scheint es mir klar zu sein, daß es beispielsweise den passiven Widerstand in der Geschichte nicht gibt. Deshalb ist es notwendig, den passiven Widerstand in seiner Ganzheit zu begreifen, und ich möchte Sie bitten, dabei zu helfen.*

Der passive Widerstand ist eine Methode, Rechte durch persönliches Leiden zu sichern. Er ist das Gegenteil des Widerstandes mit Waffengewalt. Wenn ich mich weigere, etwas gegen mein Gewissen zu tun, wende ich die Seelenkraft an. Wenn zum Beispiel die Regierung ein Gesetz erlassen hat, das mich betrifft, ich aber gegen dieses Gesetz bin, könnte ich die Regierung mit Gewalt dazu zwingen, dieses Gesetz rückgängig zu machen. Dabei müßte ich physische Gewalt anwenden. Wenn ich aber dem Gesetz nicht gehorche und mit Freude die Bestrafung für die Gesetzesübertretungen annehme, wende ich die Macht der Seele an. Das erfordert Selbstopfer.

Jeder wird zugeben, daß das Selbstopfer dem Opfern anderer Menschen gegenüber unendlich überlegen ist. Es wird nur die Person darunter leiden, die diese Macht anwendet. Es zwingt nicht andere Menschen zum Leiden für die eigenen Fehler. Die Menschen haben in früheren Zeiten vieles getan, was sich hinterher als falsch und fehlerhaft erwiesen hat.

Kein Mensch kann den Anspruch erheben, er sei im Besitz absoluten Rechts oder ein bestimmter Sachverhalt sei deswegen falsch, weil er gerade so darüber denke. Tatsächlich ist es aber nur so lange falsch, wie es seinem Urteil entspricht. Er soll nichts tun, was er für falsch hält, sondern konsequent sein und für das leiden, was er für richtig hält. Das ist der Schlüssel zur Anwendung der Seelenkraft, der Macht der Seele.

*Dann würden Sie ja die Gesetze verwerfen! Das ist eine Illoyalität ersten Ranges! Wir wurden immer als eine gesetzestreue Nation geachtet. Sie aber scheinen sogar noch die Grenzen der Extremisten zu überschreiten. Einerseits sagen Sie, wir sollten den Gesetzen gehorchen, die der Staat erlassen hat, andererseits sagen Sie, wenn die Gesetze schlecht sind für das Volk, müssen wir den Gesetzgeber mit Gewalt hinauswerfen.*

Ob ich nun extremer bin als die Extremisten oder nicht, ist für unsere Diskussion nicht entscheidend. Wir wollen herausfinden, was gerecht ist und danach handeln. Die eigentliche Bedeutung der Aussage, wir seien eine gesetzestreue Nation, ist, daß wir passiven Widerstand ausüben. Wenn wir bestimmte Gesetze nicht akzeptieren, vernichten wir zwar den Gesetzgeber nicht, aber wir werden leiden und uns seinen Gesetzen nicht unterwerfen. Es ist nur eine neumodische Ansicht, man müsse den Gesetzen gehorchen, seien sie gut oder schlecht. Das gab es in früheren Zeiten nicht. Die Menschen haben früher die Gesetze, die sie nicht gut fanden, verworfen und unter der Bestrafung für die Gesetzesübertretung gelitten. Es geht gegen unsere mutige Natur, wenn wir uns den Gesetzen, die von unserem Gewissen nicht akzeptiert werden können, unterwerfen. Eine solche Lehre wäre auch gegen die Religion gerichtet und würde Sklaverei bedeuten. Wenn die Regierung von uns verlangt, wir sollen ohne Bekleidung auf die Straße gehen, tun wir das etwa? Wenn ich passiven Widerstand ausübte, würde ich dem Staat sagen, ich hätte mit diesem Gesetz nichts zu tun. Wir aber haben vergessen, was wir einmal waren; wir wurden folgsam, so daß wir jedes noch so erniedrigende Gesetz einfach hinnehmen.

Ein Mensch, der sich seiner mutigen Natur bewußt ist, der gottesfürchtig ist, hat vor niemandem Angst. Die Gesetze, die von Menschen gemacht werden, sind nicht notwendigerweise für ihn bindend. Selbst die Regierung erwartet nicht von uns, daß wir uns unbedingt danach richten. Sie sagt uns nicht, daß wir dies oder jenes tun sollen. Sie sagt jedoch, wenn Sie dies oder jenes tun, werden wir Sie bestrafen. Wir sind bereits so tief gesunken, daß wir anfangen zu phantasieren, es sei unsere Pflicht, oder die Religion lehre uns, wir sollten alles tun, was uns die Gesetze befehlen. Wenn der Mensch zu der Einsicht gelangt, es sei feige, den Gesetzen zu gehorchen, die ungerecht sind, wird ihn keine menschliche Tyrannei versklaven. Dies ist der Schlüssel zur Selbstherrschaft.

Es ist ein Aberglaube und ungöttlich zu denken, eine Handlung der Mehrheit sei bindend für die Minderheit. In der Geschichte gibt es sehr viele Beispiele, bei denen die Mehrheit unrecht hatte und die Minderheit im Recht war. Alle Reformen verdanken ihren Ursprung der Initiierung durch Minderheiten, die in Opposition zur Mehrheit standen. Solange der Aberglaube existiert, daß Menschen ungerechten Gesetzen gehorchen müssen, solange wird auch die Sklaverei existieren. Nur der passive Widerständler kann diesen Aberglauben beseitigen.

Die Anwendung von brutaler Gewalt und der Gebrauch von Schießpulver widersprechen den Prinzipien des passiven Widerstandes, was bedeutete, daß wir unseren Gegner mit Gewalt zu etwas zwingen wollen, wozu er nicht bereit ist. Aber wenn diese Gewalt zu rechtfertigen ist, hat er ganz sicher dasselbe Recht, Gewalt gegen uns anzuwenden. Auf diese Weise kommen wir nie zu einer friedlichen Vereinbarung Es wäre ein simpler Weg, wie der eines blinden Pferdes, das in einer Wassermühle immer im Kreis herumlaufen muß. Nur den Menschen, die daran glauben, daß wir nicht gebunden sind, ungerechten Gesetzen zu gehorchen, die im Namen ihres Gewissens handeln, nur diesen Menschen steht der passive Widerstand als Mittel offen. Jedes andere Mittel würde zu einer Katastrophe führen.

*Sind Sie mit der Folgerung einverstanden, daß der passive Widerstand ein Mittel der Schwachen ist, wenn sie aber stark werden, sie zu den Waffen greifen?*

Diese Folgerung verrät Ihre grobe Unwissenheit. Der passive Widerstand ist die Seelenkraft und in der Wirkung unvergleichlich und beispiellos in der Ausdauer. Er ist der Gewalt der Waffen überlegen. Wie kann man ihn für eine Waffe der Schwachen halten? Der Mut, der eine unabdingbare Voraussetzung für den passiven Widerstand ist, muß denjenigen völlig fremd sein, die physische Gewalt befürworten. Glauben Sie, ein Feigling kann ein gegen ihn gerichtetes Gesetz brechen? Die Extremisten sind dafür bekannt, daß sie die Gewalt befürworten. Warum behaupten sie dann, wir müßten den Gesetzen gehorchen? Ich werde sie deswegen nicht anklagen, sie können ja nichts anderes sagen. Wenn es ihnen gelingen sollte, die Engländer zu vertreiben, an die Macht zu kommen und Gouverneure dieses Landes zu werden, dann verlangen sie, daß alle, auch Sie und ich, ihren Gesetzen gehorchen sollen. Das entspricht durchaus ihrer Verfassung. Aber ein passiver Widerständler wird sagen, er gehorche einem Gesetz nicht, wenn es gegen sein Gewissen gerichtet ist, auch dann nicht, wenn er vor der Mündung einer Kanone in Stücke gerissen wird.

Wer, glauben Sie, ist nun wahrhaft mutig? Derjenige, der andere Menschen von der Rückseite der Kanone her zerfetzt oder der, der sich mit lächelndem Gesicht zur Kanonenmündung begibt und sich in Stücke reißen läßt? Wer ist hier der wahre Kämpfer, der Krieger? Derjenige, der stets den Tod als vertrauten Freund bei sich hat, oder derjenige, der den Tod anderer in seiner Hand hat? Glauben Sie mir, ein Mensch ohne Mut und Tapferkeit kann nie ein passiver Widerständler sein.

Deshalb kann auch ein Mensch mit gebrechlichem Körper passiven Widerstand leisten. Jeder Mensch kann das tun. Männer und Frauen können passiven Widerstand leisten. Man braucht dazu keine militärische Ausbildung und auch kein Jiu-Jitsu. Allein die Beherrschung des Geistes ist notwendig. Wenn das erreicht ist, wird der Mensch frei sein wie ein König und sein Anblick wird den Feind verdorren lassen.

Der passive Widerstand ist ein allseitiges Schwert. Es kann auf jede Art benutzt werden. Es segnet den, der es benutzt, und den, gegen den es gewendet wird. Ohne einen Tropfen Blut zu vergießen, erzeugt es dauerhafte Ergebnisse. Es kann nicht rosten und nicht gestohlen werden. Eine Konkurrenz zwischen passiven Widerständlern gibt es nicht. Das Schwert des passiven Widerstands braucht keine Scheide. Es klingt seltsam, wenn Sie behaupten, diese Waffe sei die Waffe der Schwachen.

*Sie haben gesagt, der passive Widerstand sei eine Besonderheit Indiens. Hat man denn in Indien niemals Kanonen gehabt?*
Sie setzen Indien mit einigen Prinzen gleich. Für mich bedeutet Indien die Millionen von arbeitenden Menschen, von denen die Existenz dieser Prinzen abhängig ist, aber auch unsere Existenz.

Die Könige wollen immer königliche Waffen einsetzen. Die Anwendung von Gewalt ist bei ihnen eine angeborene Eigenschaft. Sie wollen befehlen. Aber diejenigen, die diese Befehle entgegenzunehmen haben, wollen gar keine Gewehre. Sie stellen in der ganzen Welt die Mehrheit dar. Sie müssen lernen, entweder die physische Gewalt zu beherrschen oder die Macht der Seele. Wenn sie sich für die physische Gewalt entscheiden, sind sowohl Herrscher als auch Beherrscht verrückt. Wenn sie sich aber für die Macht der Seele entscheiden, werden die Befehle der Herrscher nicht über die Spitze ihrer Schwerter hinausgehen, und die wahren Menschen verwerfen ungerechte Befehle. Die Bauern wurden nie durch das Schwert überwältigt, sie werden sich nie gefügig machen lassen. Sie wissen zwar nicht, wie man ein Schwert benutzt, aber sie haben keine Angst vor denen, die es in der Hand haben. Jene Nation ist groß und überwältigend, die den Tod als einen vertrauten Freund ansieht, bei dem man geborgen ist. Diejenigen, die den Tod herausfordern, sind frei von aller Furcht. Für diejenigen, die unter dem irreführenden Charme brutaler Gewalt handeln, kann dieses Bild nicht überzeugend sein. Tatsächlich wurde in Indien und in der indischen Nation im allgemeinen immer passiver Widerstand in allen Lebenslagen geübt. Wir weigern uns, mit unseren Herrschern zusammenzuarbeiten, wenn sie unsere Lebensinteressen gefährden. Das ist passiver Widerstand.

Ich kann mich gut an einen Fall in einem kleinen

Fürstentum erinnern. Dort erließ der Fürst eine Verordnung, über die die Dorfbewohner verärgert waren. Sie begannen, ihre Dörfer zu verlassen. Der Fürst wurde derart irritiert, daß er zu den Dorfbewohnern kam, sich bei seinen Untertanen entschuldigte und die Verordnung rückgängig machte. Solche Beispiele kann man in Indien beliebig viele finden. Die wirkliche Selbstverwaltung ist nur möglich, wenn passiver Widerstand zur treibenden Kraft des Volkes wird. Jedes andere Herrschaftssystem ist Fremdherrschaft.

*Wollen Sie damit sagen, es sei für uns überhaupt nicht notwendig, unseren Körper zu trainieren?*
Das würde ich nie behaupten. Ohne den Körper zu trainieren, wäre es sehr schwer, ein passiver Widerständler zu werden. Als Regel schlage ich folgendes vor: Der Geist, der in einem durch Verweichlichung geschwächten Körper wohnt, muß auch schwach sein, und wo keine Kraft des Geistes vorhanden ist, kann man auch keine Seelenkraft finden. Wir müssen, so glaube ich, unsere physischen Bedingungen durch die Abschaffung der Kinderheirat und des Luxuslebens verbessern. Sollte ich denn einen Menschen mit einem zerschundenen Körper bitten, sich vor Kanonenrohre zu stellen? Ich würde mich der Lächerlichkeit preisgeben.

*Nach Ihren Aufführungen scheint es keine kleine Sache zu sein, ein passiver Widerständler zu werden. Ich möchte Sie bitten zu erklären, wie man passiver Widerständler wird.*
Einerseits ist es nicht schwer, andererseits aber auch nicht leicht, passiven Widerstand zu üben, oder anders formuliert, den passiven Widerstand zur Lebensaufgabe zu machen. Ich habe einen vierzehnjährigen Jungen gekannt, der passiven Widerstand leistete. Ich

habe auch kranke Menschen gekannt, die das gleiche getan haben. Andererseits habe ich viele Menschen gekannt, die physisch sehr stark und in ihrem täglichen Leben sehr glücklich waren, aber unfähig, passiven Widerstand zu leisten. Nach meinen vielfältigen Erfahrungen scheint es zuzutreffen, daß vier Grundvoraussetzungen erfüllt sein müssen, um die Fähigkeit zu erwerben, passiven Widerstand im Dienste des Mutterlandes zu leisten, und zwar: erstens vollkommene Keuschheit, zweitens Armut als Lebensweise, drittens das Festhalten an der Wahrheit und viertens Furchtlosigkeit.

Ohne körperliche Enthaltsamkeit kann der Geist die erforderliche Festigkeit nicht erreichen. Ein Mann, der ständig seinen körperlichen Gelüsten nachgeht, verliert seine Standfestigkeit, verweichlicht und wird feige. Wessen Geist den animalischen Leidenschaften nicht entrinnen kann, ist nicht fähig, große Anstrengungen zu unternehmen. Das kann mit unzähligen Beispielen bewiesen werden. Natürlich drängt sich jetzt die Frage auf, was die verheirateten Menschen denn nun tun sollen. Diese Frage ist berechtigt, aber sich braucht nicht unbedingt aufzutauchen. Wenn Mann und Frau sich den Leidenschaften hingeben, befinden sie sich auf der Ebene animalischer Triebe. Das soll natürlich erlaubt sein, aber nur zur Perpetuierung der Rasse. Sonst muß es streng verboten sein. Für den passiven Widerständler ergibt sich die Frage, ob er sich ein solches begrenztes Hingeben an körperliche Gelüste gestatten darf, wenn er keinen Wunsch nach Nachkommenschaft haben kann. Deshalb kann auch ein verheirateter Mann vollkommene Enthaltsamkeit üben. Die Frage ist nicht, wie lange man das aushält oder wie man die Fähigkeit zu dauerhafter Enthaltsamkeit entwickelt. Es entstehen hier sehr viele andere Fragen. Wie kann man die Frau in die Widerstandsbewegung einbeziehen, was sind ihre

Rechte und anderes. Selbstverständlich tauchen solche Fragen auf. Aber alle diese Fragen, diese Rätsel, können gelöst werden, wenn man sich die Möglichkeit vergegenwärtigt, an einem großen Werk teilzunehmen.

Ebenso wie die Enthaltsamkeit notwendig ist, so besteht auch die unabdingbare Notwendigkeit, die Armut als Lebensweise anzunehmen. Pekuniäre Interessen und passiver Widerstand sind unvereinbar miteinander. Diejenigen, die Geld besitzen, brauchen es nicht wegzuwerfen, das wird nicht von ihnen erwartet. Aber man erwartet von ihnen, daß sie eine gewisse spürbare Gleichgültigkeit dem Geld gegenüber zeigen. Sie müssen bereit sein, eher alles zu verlieren, als den passiven Widerstand aufzugeben.

Im Laufe unserer Diskussion haben wir den passiven Widerstand als die Kraft der Wahrheit bezeichnet. Der Wahrheit muß also notwendigerweise gefolgt werden, gleichgültig was es kostet. In diesem Zusammenhang tauchen akademische Fragen auf, ob man nicht doch lüge, um sein eigenes Leben zu retten, und andere Fragen. Aber diese Fragen sind nur für diejenigen relevant, die darauf aus sind, ihre Lügen zu rechtfertigen. Diejenigen, die jederzeit der Wahrheit folgen wollen, werden in kein Dilemma gedrängt. Selbst wenn es so wäre, sind sie immer noch vor einer falschen Position bewahrt.

Es gibt für den passiven Widerstand keinen Schritt vorwärts ohne die Furchtlosigkeit. Nur diejenigen können den Weg des passiven Widerstands gehen, die frei von Furcht sind, frei von Besitz, frei von Ehren, frei von Verwandten, frei von Regierung, frei von körperlichen Verletzungen und vom Tod. Sie werden einsehen, daß die zusätzlichen Anstrengungen, die ein Schwertkämpfer aufwenden muß, nur aus dem Fehlen der Furchtlosigkeit kommen. Ein Mensch, der frei von Haß ist, braucht kein Schwert.

Man darf die Einhaltung dieser Prinzipien nicht leichtfertig verwerfen in dem Glauben, sie seien schwer durchführbar. Die Natur hat den Menschen die Fähigkeit gegeben, mit jeglichen Schwierigkeiten fertigzuwerden oder zu leiden, ohne sich provozieren zu lassen. Diese Qualitäten sollten sich auch die Menschen aneignen, die nicht im Sinn haben, ihre ganzen Kräfte in den Dienst des Landes zu stellen. Lassen Sie uns keine Fehler machen, denn die Menschen, die sich in der Anwendung von Waffen ausbilden lassen, sind genauso verpflichtet, solche Qualitäten zu zeigen. Nicht jeder wird aus eigener Entscheidung Krieger. Ein zukünftiger Krieger wird Enthaltsamkeit üben und in Armut und Bescheidenheit leben lernen müssen. Es ist unbegreiflich, sich vorzustellen, daß es einen Krieger ohne Furchtlosigkeit geben soll. Es ist möglich, daß er nicht unbedingt der Wahrheit folgt, aber Furchtlosigkeit muß er gelernt haben. Wenn ein Mensch nicht der Wahrheit folgt, geschieht das aus irgendeiner Art von Angst. Die oben skizzierten vier Attribute brauchen niemanden erschrecken. Es ist keinesfalls anmaßend, wenn ich behaupte, daß ein Mensch, der an physische Gewalt glaubt, viele nutzlose Eigenschaften hat, die ein passiver Widerständler gar nicht braucht.

# Kapitel XVIII

## Bildung

*In unserer ganzen Diskussion haben Sie die Notwendigkeit der Bildung noch nicht erwähnt. Sie beschweren sich ständig über unsere mangelnde Bereitschaft, über Bildung zu sprechen. In diesem Augenblick können wir eine Tendenz zur Schulpflicht in unserem Land beobachten. Der Maharaja von Gaekwar hat in den von ihm regierten Territorien die Schulpflicht eingeführt. Unser Blick richtet sich notwendigerweise auf diese Entwicklung. Wir wünschen dem Maharaja sogar große Erfolge. Glauben Sie, diese Anstrengung ist nutzlos?*

Wenn wir der Ansicht sind, daß unsere Kultur und die Zivilisation auf höchster Stufe steht, muß ich leider sagen, daß die von Ihnen geschilderten Anstrengungen völlig nutzlos sind. Die Motive des Maharaja, was die Bildung angeht, und die anderer großer Führer sind allerdings tadellos. Deshalb verdienen sie auch großes Lob. Trotzdem können wir unsere Augen nicht davor verschließen, was aus diesem Experiment herauskommen wird.

Was bedeutet denn Bildung? Was bedeutet denn Erziehung? Bildung bedeutet einfach die Geschicklichkeit und das Wissen, mit Buchstaben umzugehen. Es ist ein bloßes Instrument, das wohlklingenden Zwecken dienen, aber auch mißbraucht werden kann.

Wir erfahren täglich, wie dieses Wissen um die Buchstaben von vielen Menschen mißbraucht und zu Beleidigungen benutzt wird, aber auch wie einige wenige im guten Sinne davon Gebrauch machen. Wenn diese Aussage richtig ist, haben wir bewiesen, daß durch dieses Instrument mehr Schaden angerichtet worden ist als Gutes.

Die gewöhnliche Bedeutung von Bildung ist, wie ich eben gesagt habe, die Verfügung des Wissens über die Buchstaben. Das heißt, den Schülern beizubringen, wie man schreibt, liest und rechnet und alles, was wir unter Schulbildung verstehen.

Ein Bauer verdient sein Brot auf ehrliche Weise. Er hat nur ganz allgemeine und gewöhnliche Kenntnisse über die Welt. Er ist einigermaßen unterrichtet, wie man sich seinen Eltern, seiner Frau, seinen Kindern und den Mitmenschen im Dorf gegenüber verhalten soll. Er versteht und befolgt die Regeln der Moral. Aber er kann seinen Namen nicht schreiben. Was haben Sie vor, wenn Sie das Wissen um die Buchstaben vermitteln? Wird ihm das helfen, glücklicher zu werden? Oder möchten Sie erreichen, daß er sehr unzufrieden wird mit seiner Hütte und mit allem, was er besitzt? Wenn Sie das wollen, braucht er in formalem Sinne keine Bildung. Überrumpelt von westlichem Gedankengut, schließen wir ohne Pro und Kontra, daß wir unserem Volk eine solche Bildung geben sollten.

Lassen Sie uns einmal über die höhere Bildung sprechen. Ich habe Biologie, Astronomie, Algebra, Geometrie usw. gelernt. Wozu das?

Auf welche Weise bringt es mir oder meiner Umgebung Vorteile? Warum habe ich diese Fächer gelernt? Professor Huxley definierte Bildung einmal folgendermaßen: «Jeder Mensch, so glaube ich, hat eine liberale Bildung, wenn er in seiner Jugendzeit so trainiert wurde, daß sein Körper ein bereitwilliger Diener seines Willens geworden ist und mit Gelassenheit und Freude alle Arbeit als einen Mechanismus verrichtet, zu dem er fähig ist, dessen Intellekt eine klare, kalte und logische Maschine verkörpert mit gleich starken Einzelteilen, und der sich in reibungsloser, funktionierender Ordnung befindet, ... dessen Geist mit dem Wissen der grundsätzlichen Wahrheiten der Natur gespeichert ist, ... dessen Leidenschaften zu Abneigung diszipliniert sind durch einen dynamischen Willen, der Diener des sanftmütigen Gewissens, ... der es gelernt hat, alle Niedertracht zu hassen und andere so zu achten wie sich selbst. Eine solche Person, und keine andere, so glaube ich, hat eine liberale Bildung, weil sie mit der Natur in Harmonie lebt. Der Mensch macht das Beste aus ihr und sie aus ihm.»

Wenn das wahre Bildung sein soll, muß ich betonen, daß die Wissenschaften, die ich oben aufgezählt habe, nie von mir eingesetzt worden sind, meine Sinne zu kontrollieren. Deshalb sind sie, ob man nun die Grundschulbildung oder die höhere Bildung meint, für das Entscheidende nicht notwendig. Eine solche Bildung macht keine Menschen aus uns. Sie befähigt uns nicht, unsere Pflicht zu erfüllen.

*Wenn das so ist, muß ich Ihnen eine weitere Frage stellen. Was befähigt Sie, mir all dies zu erzählen? Wenn Sie keine höhere Bildung erfahren hätten, wie könnten Sie mir all diese Dinge erklären, wie Sie das eben tun?*

Gut gefragt. Aber meine Antwort ist sehr einfach. Ich habe in keinem Augenblick geglaubt, daß mein Leben eine Verschwendung gewesen sein könnte, wenn ich keine Grundschule oder keine höhere Bildung genossen hätte. Ich glaube auch nicht, daß ich notwendigerweise diene, weil ich spreche. Aber ich habe nun einmal den Wunsch zu dienen, und um diesen Wunsch zu erfüllen, benutze ich allerdings die Bildung, die mir zuteil wurde. Und wenn ich Gutes tun kann, mit Hilfe dieser Bildung, dann nur, weil ich mit denen, die meine Überzeugung unterstützen, kommunizieren kann. Wir beide, Sie und ich, sind unter dem Fluch falscher Erziehung aufgewachsen.

Ich erhebe den Anspruch, mich von ihren üblen Auswirkungen befreit zu haben. Und nun versuche ich, meine Erfahrungen, die ich dabei gemacht habe, mit Ihnen zu teilen, um auf diese Weise die Verdorbenheit dieser Erziehung zu demonstrieren.

Ich habe das Buchstabenwissen aber nicht grundsätzlich lächerlich gemacht. Was ich aufzeigen wollte ist, daß wir diese Art Bildung nicht zu einem Fetisch stilisieren sollten. Es ist wünschenswert und notwendig, zuerst unsere Sinne unter Kontrolle zu bringen, unser Bewußtsein zu schärfen und unser ethisches Verhalten auf einem festen Fundament aufzubauen. Wenn wir jetzt geneigt sind, uns diese Bildung anzueignen, können wir etwas Gutes daraus machen. Sie kann uns wie ein Schmuck zieren. Folglich brauchen wir die Bildung nicht zu einer Pflicht zu machen. Unser altes Schulsystem reicht aus. Die Kultivierung des Charakters und die Entwicklung der Persönlichkeit müssen den ersten Platz einnehmen, das nennen wir Grundschulbildung. Auf diesem Fundament kann das Gebäude eine lange Lebensdauer haben.

*Ist das so zu verstehen, daß Sie die englische Bildung zum Aufbau der Selbstregierung für unnötig halten?*
Meine Antwort ist ja und nein. Millionen Menschen englisch beizubringen, bedeutet für mich eine Verknechtung. Der Grundstein, den Macaulay[1] für dieses Bildungssystem gelegt hat, hat uns versklavt.

Ich unterstelle ihm nicht diese Absicht, aber das Ergebnis dieses Bildungssystems war eindeutig. Ist es nicht traurig, daß wir über die Selbstregierung in einer fremden Sprache reden müssen?

[1] siehe Anmerkung 1, Seite 62

Es ist beachtenswert, daß Systeme, die von den Europäern abgetan werden, bei uns Mode geworden sind. Die europäischen Gelehrten korrigieren andauernd ihr System. Wir aber halten unwissend an den Systemen fest, die sie verworfen haben. Sie tun alles, damit jedes Gebiet eine Strukturverbesserung erfährt. Wales ist eine kleine Region in England. Große Anstrengungen werden unternommen, die Kenntnisse der walisischen Sprache unter den Walisern wieder aufleben zu lassen. Der englische Kanzler führt maßgebend die Bewegung an, den walisischen Kindern die walisische Sprache zu lehren. Wie sieht jedoch unsere Situation aus? Wir kommunizieren schriftlich in fehlerhaftem Englisch, und nicht einmal unsere Akademiker sind von diesem Übel frei; unsere besten Gedanken finden in der englischen Sprache ihren Ausdruck. Die Verhandlungen in den Konferenzen der «Congress»-Partei werden auf englisch geführt. Unsere besten Tageszeitungen werden in englischer Sprache gedruckt. Wenn sich diese Entwicklung fortsetzt, davon bin ich fest überzeugt, werden uns die kommenden Generationen verdammen und verfluchen.

Ich muß erwähnen, daß wir durch die Übernahme des englischen Bildungssystems die Nation versklavt haben. Heuchelei und Tyrannei sind gewachsen. Die englischsprechenden Inder haben das Volk gewissenlos betrogen und terrorisiert. Wenn wir nun etwas für das Volk tun, zahlen wir bloß einen Teil der Schuld zurück, die dem Volk zugefügt wurde.

Ist es nicht eine schmerzliche Erfahrung, wenn ich mich wegen der Gerechtigkeit an einen Gerichtshof wende, und ich nur die englische Sprache als Verständigungsmittel benutzen kann? Wenn ich Rechtsanwalt geworden bin, ich mich mit meinen Klienten nicht in meiner Muttersprache verständigen darf? Und daß irgend jemand meine eigene Muttersprache in das Englische übersetzen muß? Ist das nicht vollkommen absurd? Ist es nicht ein Zeichen von Sklaverei? Soll ich für diesen Zustand den Engländern die Schuld zuschieben, oder ist es nicht etwa mein Fehler? Wir sind es, die englischsprechenden Inder, die Indien in die Knechtschaft getrieben haben. Der Fluch der Nation wird nicht auf die Engländer fallen, sondern auf uns.

Ich sagte Ihnen bereits, daß meine Antwort auf Ihre Frage in einem Ja und einem Nein besteht. Ich habe Ihnen das Ja inhaltlich dargelegt. Nun werde ich Ihnen erläutern, warum auch das Nein berechtigt ist.

Wir sind so sehr von der Krankheit der Zivilisation heimgesucht worden, daß wir glauben, ohne englische Bildung nicht auskommen zu können. Diejenigen, die diese englische Bildung genossen haben, sollten das Beste daraus machen, wo immer es möglich ist. Wenn wir uns nur in englischer Sprache verständigen können im Umgang mit Engländern und Indern, dann sollten wir die Sprache auch benutzen, um herauszufinden, wie empört die Engländer über ihre eigene Zivilisation sind. Die Inder, die englisch ausgebildet sind, müssen ihre Nachkommen in ihrer Muttersprache in Moral und Ethik unterrichten und anspornen, eine weitere indische Sprache zu lernen. Wenn die Kinder groß geworden sind, können sie immer noch Englisch lernen. Das endgültige Ziel ist, ohne die englische Sprache auszukommen. Der Gelderwerb darf in diesem Zusammenhang keine Rolle spielen. Auch wenn wir in einem begrenzten Ausmaß Englisch lernen wollen, müssen wir uns genau überlegen, was wir in dieser Sprache eigentlich lernen sollten und was nicht. Es wird notwendig sein, sich Gedanken darüber zu machen, welche Wissenschaften wir lernen sollten. Ein kleiner Gedanke wird Ihnen aufzeigen, wie die englischen Herrscher ihre Ohren spitzen, wenn wir den englischen akademischen Graden keine Bedeutung mehr beimessen.

*Was sollen wir denn für ein Bildungssystem entwickeln?* Dieses Problem haben wir oben bereits andiskutiert, wir werden es jetzt ein wenig umfassender betrachten. Ich glaube, daß wir alle unsere Sprachen hinsichtlich ihrer Strukturen und Inhalte noch gründlicher entwickeln müssen. Aus welchen Themen der Lehrstoff bestehen soll und zusammengestellt wird, braucht hier nicht ausgeführt zu werden. Wertvolle englische Bücher sollen in die verschiedenen indischen Sprachen übertragen werden. Wir müssen von der Anmaßung wegkommen, alle Wissenschaften lernen zu sollen. Religiöse Erziehung, also die ethische, nimmt den höchsten Rang ein. Jeder gebildete Inder wird zusätzlich zu seiner Muttersprache eine andere oder andere indische Sprachen lernen. Ein Hindu wird Sanskrit, ein Muslim Arabisch, ein Parse Persisch lernen. Alle werden Hindi als ein gemeinsames nationales Verständigungsmittel lernen müssen. Nordinder und Westinder werden die südindische Sprache Tamil lernen. Die universelle Sprache wird Hindi sein mit der Option, auf persisch oder in Sanskrit zu schreiben. Um engere kulturelle und soziale Beziehungen zwischen Hindus und Moslems zu entwickeln, ist es notwendig, daß beide die Schriften der anderen, Persisch und Sanskrit, kennenlernen. Sollten wir das erreichen, können wir auch sehr bald die englische Sprache verbannen. All dies ist notwendig für uns, die Sklaven. Durch unsere Sklaverei haben wir die Nation in die Knechtschaft getrieben. Die Nation wird mit unserer Freiheit frei sein.

*Die Frage nach der religiösen Erziehung ist schwer zu beantworten.*
Ohne sie können wir nicht weiterkommen. Indien wird niemals gottlos sein, der Atheismus wird in diesem Land nie gedeihen können. Ich gestehe, daß die religiöse Erziehung eine schwere Aufgabe darstellt. Mein Kopf beginnt sich zu drehen, sobald ich daran denke. Unsere religiösen Gelehrten sind heuchlerisch und ichbezogen. Trotzdem müssen wir sie in die Aufgabe einbeziehen: die Mullahs, die Dasturs[2] und die Brahmanen halten den Schlüssel in ihren Händen.

Wenn sie aber unfähig sind, müssen wir unsere Energie, die wir durch die englische Bildung gewonnen haben, in den Dienst der religiösen Erziehung stellen. Es ist nicht schwer, denn nur der äußere Rand des Ozeans ist verunreinigt. Diejenigen, die innerhalb des verschmutzten Randes gefangen sind, brauchen eine Läuterung. Wir, die in diese Kategorie fallen, können uns selbst läutern. Meine Überlegungen dazu gelten nicht den Millionen Indern. Um Indien wieder in seinen ursprünglichen Zustand zu versetzen, müssen wir zur Religiosität zurückkehren. Natürlich wird es in unserer eigenen Kultur Fortschritte, Rückschritte, Reformen und Reaktionen geben, aber Anstrengung ist erforderlich, um die westliche Zivilisation aus unserem Land zu vertreiben. Alles andere wird folgen.

[2]Höchste Priesterschaft des Zoroastrismus, der Religion der Parsen.

# Kapitel XIX

## Maschinen

*Richtet sich die Vertreibung der westlichen Zivilisation, von der Sie sprechen, auch gegen die Maschinen?*

Durch diese Frage haben Sie meine alten Wunden wieder aufgerissen. Als ich das Buch von Dutt[1], «Die Wirtschaftsgeschichte Indiens», las, mußte ich weinen. Ich glaube, mein Herz ist heute noch krank davon. Es sind die Maschinen, die Indien in die Verarmung getrieben haben. Es ist jedoch sehr schwierig, den Schaden, den uns das Manchester-System zugefügt hat, genau zu bestimmen. Selbstverständlich ist Manchester schuld daran, daß das indische Handwerk heute zerstört ist.

Ich glaube aber, ich begehe einen Fehler. Warum sollten wir für diesen Schaden Manchester verantwortlich machen? *Wir* tragen ja die Kleider, die in Manchester hergestellt worden sind, und Manchester hat sie deshalb gemacht. Ich war erfreut über die tapfere Haltung der Bengalen. Bei ihnen gab es keine Webereien. Aber sie waren in der Lage, die alte Handweberei wieder aufleben zu lassen. Natürlich ermutigt Bengalen die Webereien in Bombay. Hätte Bengalen einen Boykott *aller* durch Maschinen hergestellten Güter proklamiert, wäre es noch besser gewesen.

Europa ist in einem desolaten Zustand, denn seine Landschaft ist durch die Maschinen trostlos ge-

[1] Dutt, Romesh (Chunder), 1901, «The economic history of India»

worden. Die zwischenmenschlichen Beziehungen, die man als Freundschaft bezeichnen kann, sind der Verlassenheit gewichen. Die Verderbnis klopft an die englischen Türen. Maschinen sind die Hauptsymbole der modernen Zivilisation, sie sind die Sinnbilder einer großen Sünde.

Die Arbeiter in den Fabriken von Bombay wurden Sklaven. Die Zustände, in denen Frauen arbeiten müssen, sind mehr als schockierend. Gäbe es diese verdammten Fabriken nicht, würden diese Frauen auch nicht verhungern. Wenn diese Gier nach Maschinen in unserem Land noch größer wird, wird es unglücklich. Meine Meinung kann als Ketzerei abgetan werden, ich fühle mich aber verpflichtet zu sagen, daß es besser ist, Geld nach Manchester abzuschicken, um ihre schäbigen Kleider zu kaufen, als immer mehr Textilfabriken in Indien zu errichten. Wenn wir Kleider aus Manchester kaufen, verschwenden wir Geld; aber wenn wir Manchester nach Indien holen, werden wir unser Geld auf Kosten unseres Blutes behalten, weil damit unser moralisches Sein untergraben wird. Ich kann meine Behauptung durch Aussagen verschiedener Arbeiter untermauern, die in den Fabriken arbeiten. Die Fabrikbesitzer, die ihre Reichtümer aus der Arbeit gewinnen, sind keine besseren Menschen als andere Reiche. Es ist falsch anzunehmen, ein indischer Rockefeller sei ein besserer Mensch als ein amerikanischer Rockefeller. Ein verelendetes Indien kann sich befreien. Es ist jedoch schwer vorauszusagen, ob ein Indien, das seine Reichtümer aus der Unmoral erworben hat, noch in der Lage sein wird, seine eigentliche Freiheit wiederzugewinnen. Ich fürchte, wir müssen zugeben, daß die finanziell hochgestellten Leute in Indien die Briten aktiv unterstützen. Ihre Interessen sind unumstößlich verbunden mit der Stabilität der britischen Herrschaft. Geld macht einen Menschen hilflos. In gleicher Weise sind auch sexuelle Laster sehr schädlich für den Menschen. Beide sind wie Gift. Ein Schlangenbiß ist weniger giftig als sie, denn sexuelle Laster zerstören nicht nur den Körper, sondern auch den Geist und die Seele. Deswegen haben wir keinen Grund, uns über die Entstehung von mehr Textilfabriken zu freuen.

*Ja, sollen wir denn sämtliche Fabriken schließen?*
Das ist schwierig. Es ist keine leichte Aufgabe, die bestehenden Institutionen zu schließen. Deshalb sagen wir, daß wir einen weiteren Ausbau der Mechanisierung verhindern wollen, weil diese Einsicht großer Weisheit entspricht. Selbstverständlich können wir die Fabrikarbeiter nicht verurteilen. Unser Mitleid ist mit ihnen. Es wäre zuviel, von ihnen zu verlangen, ihre Fabriken zu schließen. Aber wir können sie bitten, die Anzahl der Fabriken nicht noch mehr zu erhöhen. Wenn sie dies einsehen, können wir davon ausgehen, daß kleinere Heimarbeitsbetriebe von ihnen beauftragt werden, Stoffe herzustellen. Dies wird selbstverständlich eine graduelle Angelegenheit sein, und es würde Tausenden und Abertausenden von Haushalten helfen, ihre alte und heilige Handweberei wieder aufzunehmen. Dieser handgewebte Stoff kann dann von den ehemaligen Fabrikbesitzern gekauft werden. Es ist aber unwichtig, wer das tut, wichtig ist nur, daß die Menschen aufhören, Güter zu benutzen, die von Maschinen hergestellt werden.

*Sie haben bisher über maschinengefertigte Stoffe gesprochen. Aber es gibt ja eine Unmenge anderer Waren, die von Maschinen hergestellt werden. Was meinen Sie, sollen wir sie importieren, oder sollen wir doch neue Maschinen in unser Land einführen?*
Tatsächlich werden sogar unsere Götterstatuen in Deutschland hergestellt. Warum reden wir überhaupt von Streichhölzern, Stecknadeln und Glaswaren?

Meine Antwort kann nur sein: Was hat Indien gemacht, wie hat Indien gelebt, bevor diese Waren eingeführt wurden? Dieselbe Frage muss man auch heute stellen. Wenn wir keine Stecknadeln ohne Maschinen herstellen können, müssen wir in der Lage sein, auf diese Waren zu verzichten. Ich weiß, daß nicht alle Menschen aufhören werden, die maschinengefertigten Waren zu kaufen, oder daß alle nach einer bestimmten Strategie so handeln würden, daß wir die maschinengefertigten Waren boykottieren könnten. Wenn aber dieser Gedanke einigermaßen verständlich erscheint, können wir wieder einen Weg finden, wie wir langsam davon abkommen, Maschinen zu benutzen. Ich glaube, daß die anderen denen folgen werden, die das fertigbringen. Die Bewegung wird wachsen. Die Bevölkerung wird mit Freude dem folgen, was ihnen die Volksführer zeigen. Diese Angelegenheit ist weder kompliziert noch besonders schwierig. Sie und ich brauchen nicht zu warten, bis die anderen mitgetragen werden. Diejenigen, die nicht mitmachen, werden die Verlierer sein, und diejenigen, die für solche Methoden Verständnis haben und nichts tun, verdienen, als Feiglinge bezeichnet zu werden.

*Glauben Sie, es ist gut oder schlecht, daß Ihre Ansichten von Maschinen gedruckt werden?*
Man kann natürlich behaupten, ein Gift tötet das andere, wie viele Beispiele zeigen. Aber das ist trotzdem kein Pluspunkt für die Maschinen. Wenn die Maschinen langsam veralten, verrotten und dahinschwinden, sagen sie uns: «Vorsicht! Meidet mich. Sie werden keine Vorteile und Nutzen aus mir ziehen. Der Nutzwert, der aus mir gezogen wird, kommt nur denjenigen zu, die von der Maschinensucht infiziert sind.»

Vergessen Sie also eines nicht: Es ist notwendig, die Einsicht zu gewinnen, daß die Maschinen ethisch schlecht sind. Dann, und nur dann, können wir sie langsam vernichten. Die Natur erlaubt uns nicht, unser Ziel sofort zu erreichen. Anstatt die Maschine als einen Segen willkommen zu heißen, müssen wir zeigen, daß sie ein Übel ist und dazu verdammt sein muß, endgültigen Abschied von uns zu nehmen.

*Ja, was sollen wir dann bloß mit den Straßenbahnen und mit der Elektrizität machen?*
Diese Frage ist zu spät gestellt. Sie hat keine Bedeutung mehr. Wenn wir ohne Eisenbahn auskommen können, müssen wir auch in der Lage sein, ohne Straßenbahnen auszukommen. Die Maschinen sind wie ein Schlangennest. Man weiß nicht, ob sich darin eine oder hundert Schlangen verbergen. Wo die großen Maschinen arbeiten, gibt es große Städte. Wo es große Städte gibt, sind auch Straßenbahnen und Eisenbahnen. In dieser Umgebung ist man daher auf die Elektrizität angewiesen. Die aufrichtigen Ärzte werden Ihnen sagen können, daß die meisten Menschen dort an Gesundheitsschäden leiden, wo künstliche Transportmittel eingesetzt sind. Ich erinnere mich genau, daß in einer großen europäischen Stadt wegen allgemeiner Geldknappheit die Einnahmen der Straßenbahngesellschaft, der Rechtsanwälte und Ärzte rapide gesunken sind, während gleichzeitig die Bewohner der Stadt weniger an Krankheiten litten. Ich kann mir keinen einzigen Fall denken, der mich überzeugen könnte, die Maschinen seien zum Wohle der Menschen geschaffen. Es könnten Bände geschrieben werden, um das Übel des Maschinenzeitalters zu demonstrieren.

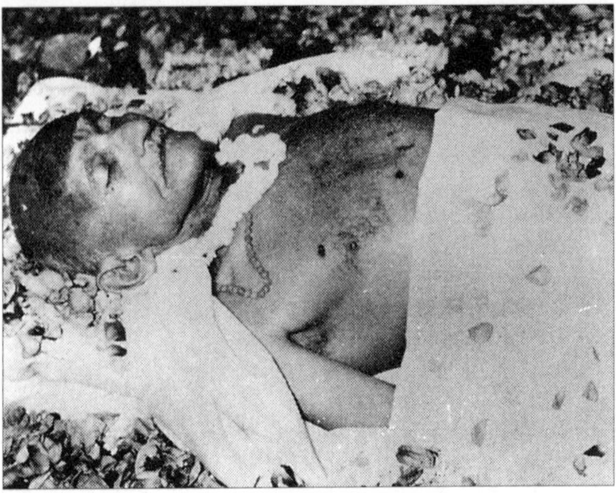

*oben: Auf dem Weg zu dem von kommunalen Kämpfen erschütterten Naokhali in Ost-Bengalen, November 1946*
*unten: Gandhis Leichnam, aufgebahrt im Birla-Haus*

# Kapitel XX

## Schlussfolgerung

*Ich entnehme Ihren Ausführungen, daß Sie eine dritte Partei gründen wollen. Sie sind weder ein Extremist noch ein Gemäßigter.*
Das ist falsch. Ich denke nicht daran, eine dritte Partei zu gründen. Es stimmt, daß wir nicht auf der gleichen Ebene denken. Wir können auch sagen, die Gemäßigten hätten die gleichen Ideen wie wir.

Aber wie verhält es sich mit denen, die dem Land durch eine Partei dienen wollen? Ich werde meine Dienste sowohl den Gemäßigten als auch den Extremisten zur Verfügung stellen. Sollte ich Differenzen mit ihnen haben, werde ich mit allem Respekt meine Position darlegen und gleichzeitig versuchen, ihnen weiter zur Verfügung zu stehen.

*Was würden Sie denn den beiden Parteien sagen?*
Ich würde den Extremisten folgendes sagen: Ich weiß, daß Sie für die Selbstverwaltung Indiens kämpfen. Natürlich bekommen Sie die Selbstverwaltung nicht, wenn Sie bloß darum bitten. Jeder muß dafür kämpfen, die Selbstverwaltung Wirklichkeit werden zu lassen. Was die anderen mir bringen, ist keine Selbstverwaltung, sondern Fremdherrschaft. Deshalb ist es nicht richtig zu sagen, Sie würden die Selbstverwaltung bekommen, wenn Sie nur die Engländer aus Indien vertreiben. Ich habe bereits versucht, die wahre Natur der Selbstverwaltung zu

umreißen. Die Selbstverwaltung werden Sie nie durch Waffengewalt erhalten. Brutale Gewalt entspricht nicht der Natur und den natürlichen Bedingungen des indischen Bodens. Deshalb müssen Sie sich gänzlich auf die Macht der Seele verlassen. Sie wären gut beraten, wenn Sie daran dächten, daß Gewalt keineswegs notwendig ist, um Ihr Ziel zu erreichen.

Ich würde zu den Gemäßigten sagen: Das bloße Überreichen von Bittschriften ist unter unserer Würde. Damit bekennen wir uns zu unserer Minderwertigkeit. Zu sagen, die britische Herrschaft sei unentbehrlich, kommt fast einer Leugnung Gottes gleich. Wir können nicht sagen, irgend jemand oder irgend etwas sei unentbehrlich, nur Gott ist es. Wenn der menschliche Verstand uns sagt, die britische Herrschaft in Indien sei eine Notwendigkeit, dann täuschen wir die Engländer.

Wenn die Engländer Indien mit ihrem Hab und Gut verlassen, bedeutet das keine Verwaisung für sie. Ich glaube, es ist für sie kein Vorteil, den Aufstand niederzuschlagen, er muß sich Luft machen. Wenn es Frieden geben soll, müssen wir die Zeit nutzen, unter uns die Konflikte auszutragen, das ist besser. Für eine dritte Partei gibt es keinen Anlaß, die Schwachen zu beschützen. Es ist dieser verdammte Schutzgedanke, der uns die ganze Zeit belastet hat. Eine solche Protektion kann die Schwachen schwächer machen. Wenn wir den Zusammenhang dieser Ereignisse nicht begreifen, können wir auch keine Selbstverwaltung erreichen. Ich möchte die Aussage eines englischen Geistlichen wiedergeben, daß eine Anarchie unter Selbstverwaltung weitaus besser sei als eine geordnete Fremdherrschaft. Wir müssen lernen, die anderen davon zu überzeugen, daß wir keine Tyrannei haben wollen, weder von den Engländern noch von den Indern.

Wenn diese Argumente auf beiden Seiten, sowohl bei den Extremisten als auch bei den Gemäßigten, Verständnis finden, glaube ich, daß es möglich ist, daß sie wieder zusammenarbeiten, und das gegenseitige Mißtrauen könnte verschwinden.

*Was würden Sie den Engländern sagen?*
Ich würde den Engländern mit großem Respekt folgendes sagen: Ich gestehe zu, daß Sie meine Herrscher sind. Es ist nicht nötig, zu erörtern, ob Sie Indien mit dem Schwert oder mit unserer Zustimmung unter Kontrolle haben. Ich habe nichts dagegen, wenn Sie in diesem Land bleiben – obwohl Sie seine Herrscher sind, –, wenn Sie hierbleiben als Diener des Volkes. Es ist nicht so, daß Sie das tun müssen, was Sie wollen, sondern Sie müssen das tun, was wir wünschen. Sie können die Reichtümer behalten, die von uns in Ihr Land geflossen sind, aber jetzt werden Sie uns nicht weiter ausplündern. Wenn Sie wollen, können Sie als unsere Wächter in Indien fungieren. Sie müssen die Idee aufgeben, aus uns kommerzielle Vorteile zu gewinnen. Wir glauben, die Zivilisation, die Sie haben, ist das Gegenteil eigentlicher Zivilisation. Wir betrachten unsere Zivilisation als unendlich der Ihren überlegen. Sie müssen lernen, in unserem Land genauso zu leben, wie wir hier leben. Das kann für Sie nur von Vorteil sein. Sie sollen nichts tun, was unseren Religionen widerspricht. Es ist die Pflicht der Herrscher, den Verzehr von Rindfleisch aufzugeben, um unseren Hinduglauben zu achten, und um den Islam zu respektieren, müssen Sie auf Schweinefleisch verzichten. Wir haben bis jetzt nichts dazu gesagt, weil wir eingeschüchtert waren, aber jetzt wollen wir unseren Gedanken und Standpunkten Ausdruck geben. Das tun wir nicht, weil wir selbstsüchtig wären oder Furcht hätten, sondern weil wir glauben,

daß es Zeit ist, offen und tapfer mit Ihnen zu reden. Wir betrachten Ihre Schulen und Gerichtshöfe als unnütze Institutionen. Wir möchten unser altes Schulsystem wieder eingeführt haben. Die allgemeine Sprache in Indien soll nicht Englisch sein, sondern Hindi. Deshalb sollten wir alle Hindi lernen. Nur in dieser Sprache werden wir mit Ihnen kommunizieren.

Wir verurteilen, daß Sie große Mengen an Geld für das Militär und für den Eisenbahnbau ausgeben. Wir sehen keinen Sinn darin. Wir haben keine Furcht vor Rußland, wie Sie wahrscheinlich haben. Sollten wir doch bedroht werden, können wir Rußland gemeinsam begegnen, wenn wir dann noch zusammen sind. Wir wollen keine europäischen Textilien, keine europäischen Stoffe. Wir werden schon auskommen mit den Waren, die in Indien produziert werden. Sie können nicht gleichzeitig ein Auge auf Manchester und ein Auge auf Indien richten. Wir können nur zusammenarbeiten, wenn unsere Interessen identisch sind.

Glauben Sie nicht, daß unsere Aussagen überheblich oder übermütig gemeint sind. Sie sind militärisch sehr stark. Ihre Seemacht ist unbesiegbar. Wenn wir genauso bewaffnet kämpfen wollten wie Sie, wäre das wahrscheinlich unmöglich.

Wenn Sie uns unsere oben genannten Forderungen nicht zubilligen, werden wir nicht mehr als Beherrschte mit Ihnen verhandeln. Sie können uns in Stücke reißen. Sie können uns mit Kanonen zerfetzen. Wenn Sie gegen unseren Willen handeln, werden wir Ihnen nicht dabei helfen. Ohne unsere Hilfe können Sie dieses Land nicht regieren.

Es ist möglich, daß Sie uns auslachen, weil Sie von Ihren Waffen überzeugt sind. Es ist möglich, daß wir keinen Eindruck auf Sie machen. Wenn Sie Mut haben und aufrichtig sind, werden Sie sehen, daß Ihr

Machtrausch selbstmörderisch ist und daß Ihre Belustigung nur von Ihrem verwirrten Geist zeugt. Trotzdem glauben wir, daß Sie im Herzen eine religiöse Nation sind. Wir leben in einem Land, das die Quelle der Religion darstellt. Es sollte keine Rolle spielen, wie wir zusammengekommen sind, denn wir können trotz allem gute gegenseitige Beziehungen aufbauen.

Sie, die Engländer in Indien, sind keine wahren Vertreter, keine guten Vertreter der englischen Nation. Auch wir, die halbanglisierten Inder, sind keine wahren, keine guten Vertreter der indischen Nation. Wenn die englische Nation wirklich wüßte, was Sie uns alles angetan haben, würde sie das mißbilligen. Die Masse der indischen Bevölkerung hat wenig mit Ihnen zu tun. Wenn Sie Ihre Zivilisation ablegen und versuchen, in Ihren heiligen Schriften nach Vernunft zu suchen, werden Sie zugeben müssen, daß unsere Forderungen richtig sind. Sie können nur in Indien bleiben, wenn unsere Forderungen erfüllt werden. Unter diesen Bedingungen können Sie in unserem Land bleiben, und wir können gegenseitig von uns lernen. Das wäre nicht nur für uns beide von großem Vorteil, sondern auch für die Welt. Es kann aber nur geschehen, wenn unsere Beziehungen tief in der Religion verwurzelt sind.

*Was sagen Sie zu den Nationalisten?*
Was sind Nationalisten?

*Ich würde als Nationalisten die bezeichnen, die von der europäischen Zivilisation beeinflußt und geprägt sind und für die eigentliche Selbstregierung dieses Landes kämpfen.*
Denen würde ich folgendes sagen: Nur solche Inder, die von der wirklichen Liebe durchdrungen sind, werden in der Lage sein, mit den Engländern ohne

Angst zu reden. Inder, die davon überzeugt sind, daß die indische Zivilisation die beste und die europäische Zivilisation ein kurzes Wunder ist. Solch kurzlebige Zivilisationen kommen und vergehen, das wird immer so sein. Nur solche Menschen werden von der Macht der Seele und von ihrer Erfahrung durchdrungen sein und ohne sich zu ducken der brutalen Gewalt begegnen.

Wenn ein einziger Inder so offen mit den Engländern reden würde, würden die Engländer sehr aufmerksam zuhören.

Dies sind keine Forderungen im eigentlichen Sinne, aber sie reflektieren unsere geistige Verfassung. Wenn wir nur bitten, bekommen wir nichts. Wir müssen uns das nehmen, was wir haben wollen. Für diese Anstrengungen brauchen wir die nötige Kraft. Diese Stärke wird der erlangen, der richtig handelt:

Erstens wird er nur selten die englische Sprache benutzen.

Zweitens wird er, wenn er Rechtsanwalt ist, seinen Beruf aufgeben und sich der Handspinnerei zuwenden.

Drittens wird er, wenn er Rechtsanwalt ist, versuchen, sein Wissen unter das Volk zu bringen.

Viertens wird er, wenn er Rechtsanwalt ist, aufhören, sich mit den Querelen und dem Gezänke der Parteien zu befassen und die Tätigkeit an den Gerichtshöfen aufgeben.

Fünftens wird er, wenn er Rechtsanwalt ist, sich weigern, einen Richterstuhl einzunehmen.

Sechstens wird er, wenn er Arzt ist, auf künstliche Arzneimittel verzichten und versuchen, nicht die Körper, sondern vielmehr die Seelen zu heilen.

Siebtens wird er begreifen müssen, unabhängig von seiner Religion, daß lieber der Körper krank bleiben soll, als daß er sich unter Anwendung der diabolischen Vivisektion, die in Europa Brauch ist, heilen läßt.

Achtens wird er, wenn er Arzt ist, der sich mit Handweberei beschäftigt, seinen Patienten sagen, daß man zunächst die Ursachen der Krankheit bekämpfen muß, nicht die Krankheit, und daß man deshalb den Körper nicht mit Medikamenten verweichlichen solle.

Neuntens wird er, wenn er ein reicher Mann ist, trotz seines Reichtums offen seine Meinung sagen und seine Furcht ablegen.

Zehntens wird er, wenn er ein reicher Mann ist, sein ganzes Geld für die Handarbeit, für das Handwerk und für die Heimindustrie investieren und andere Menschen ermutigen, handgefertigte Dinge zu kaufen und zu tragen.

Elftens muß dieser reiche Mann, wie jeder andere Inder, auch wissen, daß es Zeit ist für Reue, Sühne und Trauer.

Zwölftens wird er, wie jeder andere Inder, wissen, daß es sinnlos ist, die Engländer anzuklagen, weil sie zu uns gekommen sind und aus dem gleichen Grunde auch hier bleiben. Sie können nur dann gehen oder sich ändern, wenn wir uns auch ändern.

Dreizehntens muß er, wie die anderen, auch verstehen, daß während des Trauerns die Reinheit des Verhaltens das oberste Gebot ist und daß man auf jegliche Laster verzichten muß.

Vierzehntens wird er, wie andere Inder auch, einsehen müssen, daß es abergläubisch ist, sich vorzustellen, es sei notwendig, Menschen in Gefängnisse zu stecken, um sie zu resozialisieren.

Fünfzehntens muß er, wie die anderen auch, wissen, daß Handeln viel besser ist als Reden und daß es die Pflicht eines jeden ist, die Konsequenzen unseres Handelns auch auf uns zu nehmen und uns verantwortlich zu fühlen, sie zuzugeben.

Sechzehntens wird er verstehen müssen, daß wir nur dann frei sein können, wenn wir leiden.

Siebzehntens wird er verstehen, daß die Deportation von Verurteilten auf die Andamanen[1] nicht zur Sühne für die Sünde taugt, die für die europäische Zivilisation begangen wurde.

Achtzehntens wird er wissen, daß keine Nation ohne Leidensweg entstanden ist und die wahre Prüfung des Leidens darin besteht, nicht die anderen zu töten, sondern sich an die Regeln des passiven Widerstandes zu halten.

*Das ist eine lange Liste. Wie soll das durchgeführt werden?*

Sie machen einen Fehler. Sie und ich haben mit den anderen nichts zu tun. Lassen Sie jeden seine eigene Pflicht erfüllen. Wenn ich meine Pflicht tue, indem ich mir selbst diene, diene ich auch den anderen. Aber das überlasse ich Ihnen. Trotzdem nehme ich mir die Freiheit, das nochmals zu wiederholen:

Erstens bedeutet eigentliche Selbstverwaltung die Selbstkontrolle.

Zweitens ist der Weg zur Selbstverwaltung der passive Widerstand, das heißt die Macht der Seele und die Macht der Liebe.

Drittens ist es notwendig, um diese Macht sich entfalten zu lassen, sich an «Swadeshi» zu halten, das heißt an die in unserem eigenen Lande hergestellten Waren, sich auf die alten Traditionen zu besinnen und ihnen nachzugehen, wenn sie noch nicht von der europäischen Zivilisation infiziert sind. Das ist «Swadeshi».

Viertens handeln wir nicht, weil wir gegen die Engländer wären, oder weil wir zurückschlagen wol-

[1]Inselgruppe im bengalischen Golf

len, sondern weil wir unser Tun als unsere Pflicht empfinden. Angenommen, die Engländer heben die Salzsteuer auf, geben uns unsere Reichtümer wieder zurück, besetzen die höchsten Positionen mit Indern, ziehen ihre Truppen zurück, und wir benutzen keine maschinengefertigten Waren, wir benutzen nicht die englische Sprache, noch unterstützen wir die Industrie – dies sind alles Dinge, die in ihrer Natur sehr schädlich sind, deshalb wollen wir sie nicht haben. Ich hege keine feindseligen Gefühle gegenüber England, aber ich verurteile ihre Zivilisation.

Nach meiner Meinung haben wir den Begriff «Swaraj» angewandt, ohne seine eigentliche Bedeutung zu verstehen. Ich habe mir Mühe gegeben, Ihnen den Begriff so darzulegen, wie ich ihn verstehe. Mein Gewissen sagt mir, daß ich für den Rest meines Lebens mich dieser Aufgabe, der Erringung von «Sawaraj», widmen muß.

ab 1816 Grossbritannien wird die Vormacht in Indien.

1835 Die Briten wenden sich während der «Pax Britannica», dieser Friedensperiode zu Beginn des 19. Jahrhunderts, inneren Reformen in Indien zu. Dabei kommt es zum Streit zwischen den «Orientalisten», die das traditionelle indische Erziehungssystem nicht antasten und die christlichen Missionen verbieten wollen, und den «Anglisten», die unter der Wortführung von Macaulay ein westliches Erziehungssystem für Indien fordern. Die Position der «Anglisten» setzt sich 1835 mit der Einführung des Englischen als Verwaltungssprache durch.

1857/58 Der zunehmende Einfluß westlicher Kultur und Technik (1854 Einführung des Telegraphen, 1853 Einführung der Eisenbahn), die vermehrte Einmischung Englands in die inneren Angelegenheiten Indiens und schließlich die Annexion indischer Fürstenstaaten führen zu wachsenden Unruhen im Land. Diese entladen sich 1857/58 im indischen Aufstand, der «Indian Mutiny», dessen Zentren sich vor allem im Norden Indiens befinden. Da dem Aufstand klare Ziele fehlen, gelingt es den Briten, ihn in blutigen Kämpfen niederzuschlagen.

1858 Die unmittelbare Folge des Aufstandes war ein neues Indiengesetz («India Act of 1858») zur Reorganisation der Verwaltung. In London wird ein Indienministerium eingerichtet, ein meist Vizekönig genannter «General-Gouverneur» vertritt von nun an die britische Krone in Indien. Somit ist der neue Typ einer Verwaltungskolonie entstanden, in der die entscheidenden Positionen der Beamtenschaft («Indian Civil Service») Briten vorbehalten bleiben.

1869 Geburt von Mahatma Gandhi

1885 Eine von westlich gebildeten Indern getragene Bewegung mit dem Ziel einer politischen Erneuerung entwickelt sich. Diese vor allem von Bengalen ausgehenden Bestrebungen gipfeln in der Gründung des «Indian National Congress» am 28. Dezember 1885 in Puna. Von Hume, einem pensionierten Beamten des «Indian Civil Service», einberufen, strebt der «Congress» zunächst mit streng konstitutionellen Mitteln die Beseitigung von Mißständen an. So wendet er sich beispielsweise gegen die Diskriminierung der Inder vor Gerichten und gegen die Kinderheirat. Die beiden bedeutenden Führer des «Congress» waren der gemässigte Gopala Krishna Gokhale und der extrem orientierte Bal Gangadhar Tilak.
Indiens Innenpolitik im ausgehenden 19. Jahrhundert ist durch ein wachsendes Selbstbewußtsein der Inder und eine Rückbesinnung auf die eigene Kultur gekennzeichnet.

1905 Die im Zuge der Reformpolitik des Vizekönigs Lord George Curzon verwaltungstechnisch motivierte Teilung Bengalens führt zu beträchtlichen Unruhen. Aus diesen erwächst die «Swadeshi»-Bewegung, die durch die Aufforderung zum Tragen einheimischer und zum Verbrennen importierter Textilien auf die schwierige Lage der indischen Textilindustrie hinweist und so zugleich ein augenfälliges Symbol für die vom radikalen Flügel des «Congress» geforderte Unabhängigkeit, «Swaraj», findet.

1906 Die Teilung Bengalens wird von den Moslems befürwortet. Sie fühlen sich von dem vor allem durch Hindus geleiteten «Congress» nicht vertreten und gründen die «Moslem-Liga», die vor allem auf eine getrennte Repräsentation der Moslems durch garantierte Sitze in gewählten Körperschaften drängt.

1909 Dieses Ziel erreicht die «Moslem-Liga» in einer Verfassungsreform, die «Morley-Minto-Reform». Durch diese versucht die britische Regierung den Gemässigten im «Congress» entgegenzukommen, indem der gewählte Teil der Mitglieder in den gesetzgebenden Räten erheblich erhöht wird.

1911 Die Teilung Bengalens wird wieder rückgängig gemacht, zur Enttäuschung der Moslems.

1915 Rückkehr Gandhis nach Indien

1919 Der «Government of India Act» wird eingeführt. Diese neue Verfassung trennt die Verantwortlichkeit der Zentralregierung, die weiterhin keiner demokratischen Kontrolle unterliegt, und vor allem für Außenpolitik, Verteidigung und Strafrecht zuständig ist, von denen der Provinzregierungen. Die Doppelherrschaft, die «Diarchie» wird eingeführt. Das Gesetzeswerk tritt aber zunächst nicht in Kraft, da die britische Regierung aus Furcht vor subversiven Tätigkeiten durch die «Rowlatt-Gesetze» (Pressezensur, Präventivhaft und Schnellgerichte gegen politische Täter) eine Fortsetzung des Kriegsrechts durchsetzt. Gegen die «Rowlatt-Gesetze» unternimmt Gandhi einen «Satyagraha»-Feldzug, den er abbricht, als es zu Gewalttätigkeiten kommt. Am folgenschwersten sind die Ereignisse im Pandschab, als auf einer verbotenen Versammlung in Amritsar ohne Warnung das Feuer eröffnet wird und dabei 400 Menschen getötet und 1000 verletzt werden.

1922 Unter der Führung von Gandhi beginnt der «National Congress» einen Feldzug der Nichtzusammenarbeit und des bürgerlichen Ungehorsams mit dem Ziel der Unabhängigkeit Indiens, der jedoch nach der Ermordung von 22 Polizisten in einem Dorf in Uttarpradesh abgebrochen wird.

1922–1924 Gandhi ist in Haft.

1924–1928 Die Verfassung wird von den Briten überprüft und neu diskutiert. Die Annahme eines vorgelegten Verfassungsentwurfes durch eine Konferenz aller Parteien in Kalkutta scheitert aber am Einspruch der «Moslem-Liga».

1929 Der Vizekönig Lord Irwin stellt den «Dominion-Status» für Indien in Aussicht und schlägt eine «Round-Table-Konferenz» aller Beteiligten über die Probleme der künftigen Verfassung vor. Da die Regierung in London die Erklärung von Lord Irwin weitgehend zurücknimmt, fordert der «National Congress» nun die volle Unabhängigkeit. Als seine Forderungen nicht erfüllt werden, überträgt er Gandhi die Organisation einer Kampagne des zivilen Ungehorsams. Dieser wählt zu diesem Zweck die Salzgesetzgebung von 1836 aus, die durch eine hohe Besteuerung die Salzgewinnung in Indien zum Erliegen gebracht hat.

1930 Im Salzmarsch geht Gandhi mit ausgewählten Gefährten ans Meer nach Dandi, bricht durch das Auflesen einiger Salzkristalle das Salzmonopol und wird verhaftet. Die Bewegung breitet sich über ganz Indien aus.

1931 Nach Verhandlungen zwischen Lord Irwin und Gandhi wird im «Gandhi-Irwin-Pakt» vereinbart, die Bewegung zu unterbrechen.
Gandhi reist nach England, um dort als einziger Vertreter des «National Congress» an der zweiten «Round-Table-Konferenz» teilzunehmen. Die Konferenz scheitert an der Unlösbarkeit der Probleme bei der Ausarbeitung eines Wahlverfahrens, das den Minderheiten, den Moslems und kastenlosen Hindus, Repräsentation garantiert.

1932 Die britische Regierung fällt zu diesem Problem einen einseitigen Schiedsspruch, der die Hindus bei Wahlen in Kastenhindus und Kastenlose spaltet. Diese Regelung wird nach der Androhung Gandhis, bis zum Tod zu fasten, wieder zurückgenommen. Nach Erreichen dieses Zieles zieht sich Gandhi aus der Politik zurück und widmet sich sozialen Fragen.

1935 Eine neue Verfassung wird erlassen. Sie sieht eine Föderation zwischen den Provinzen von Britisch-Indien und den durch Einzelverträge an England gebundenen Fürstentümern vor. Der föderative Teil tritt jedoch nicht in Kraft, da die indischen Fürstentümer ihren Beitritt zur Föderation verweigern.

1937 In den Provinzen wird die Doppelherrschaft abgeschafft, sie werden nun von indischen Ministern regiert, die einem gewählten Parlament verantwortlich sind.

1939 Der Vizekönig Lord Linlithgow erklärt Indien zur kriegsführenden Nation im Zweiten Weltkrieg, ohne vorher den «National Congress» oder die «Moslem-Liga» zu konsultieren. Darauf treten die dem «National Congress» angehörenden Minister zurück.

1940 Da die «Moslem-Liga» weiterhin mit den Briten zusammenarbeitet, vertieft sich der Spalt zwischen ihr und dem «National Congress», vor allem auch nachdem die «Moslem-Liga» die Forderung nach einem eigenen islamischen Staat, Pakistan, zu ihrem offiziellen Programm erhebt.

1942 Das britische Kabinett entsendet auf Druck der Alliierten hin eine Gesandtschaft unter der Leitung von Sir Stafford Cripps, die, ohne ein befriedigendes Angebot in Hinblick auf die Unabhängigkeit Indiens zu unterbreiten, mit allen politischen Führern Indiens Gespräche führt. Diese Mission scheitert und wird vom «National Congress» mit der «Quit-India»-Bewegung, die die sofortige Unabhängigkeit fordert, beantwortet. Die Regierung von Britisch-Indien verhaftet daraufhin alle führenden Persönlichkeiten des «National Congress» und bringt die Bewegung damit zum Erliegen.

1945 Nach Kriegsende versucht der Vizekönig Lord Wavell vergeblich eine Annäherung des «National Congress» und der «Moslem-Liga» zu erreichen, um die Einheit Indiens auch nach der Unabhängigkeit zu wahren.

1947 Nach der Erklärung des britischen Labour-Premierministers Clement Richard Atlee, Indien bis spätestens Juni 1948 in die Unabhängigkeit zu entlassen, wird Lord Mountbatten zum Vizekönig ernannt. Er überzeugt sich in Indien davon, daß eine Teilung des Landes unvermeidlich ist: die Indische Union und Pakistan entstehen.

15.8.47 Beide Teilstaaten erhalten den «Dominion-Status» und werden aus der britischen Herrschaft entlassen.

30.1.48 Gandhi wird durch den Hindu-Fanatiker Nathuram Godse in Delhi ermordet.

26.11.49 Indien konstituiert sich als Republik.